GUÍA DE SUPERVIVENCIA PARA MADRES SOLTERAS

Cómo Navegar la Vida y Triunfar sin Complejos como Madre Soltera

GERALD ABBOTT

© **Copyright 2022 – Gerald Abbott - Todos los derechos reservados.**

Este documento está orientado a proporcionar información exacta y confiable con respecto al tema tratado. La publicación se vende con la idea de que el editor no tiene la obligación de prestar servicios oficialmente autorizados o de otro modo calificados. Si es necesario un consejo legal o profesional, se debe consultar con un individuo practicado en la profesión.

- Tomado de una Declaración de Principios que fue aceptada y aprobada por unanimidad por un Comité del Colegio de Abogados de Estados Unidos y un Comité de Editores y Asociaciones.

De ninguna manera es legal reproducir, duplicar o transmitir cualquier parte de este documento en forma electrónica o impresa.

La grabación de esta publicación está estrictamente prohibida y no se permite el almacenamiento de este documento a menos que cuente con el permiso por escrito del editor. Todos los derechos reservados.

La información provista en este documento es considerada veraz y coherente, en el sentido de que cualquier responsabilidad, en términos de falta de atención o de otro tipo, por el uso o abuso de cualquier política, proceso o dirección contenida en el mismo, es responsabilidad absoluta y exclusiva del lector receptor. Bajo ninguna circunstancia se responsabilizará legalmente al editor por cualquier reparación, daño o pérdida monetaria como consecuencia de la información contenida en este documento, ya sea directa o indirectamente.

Los autores respectivos poseen todos los derechos de autor que no pertenecen al editor.

La información contenida en este documento se ofrece únicamente con fines informativos, y es universal como tal. La presentación de la información se realiza sin contrato y sin ningún tipo de garantía endosada.

El uso de marcas comerciales en este documento carece de consentimiento, y la publicación de la marca comercial no tiene ni el permiso ni el respaldo del propietario de la misma.

Todas las marcas comerciales dentro de este libro se usan solo para fines de aclaración y pertenecen a sus propietarios, quienes no están relacionados con este documento.

Índice

Introducción — vii

1. Trabaja con tus emociones — 1
2. Acepta tu nueva vida — 13
3. Construye comunidad — 25
4. Considera la crianza positiva — 35
5. Duerme lo suficiente — 43
6. Ajústate a un horario — 51
7. Administra tu tiempo — 59
8. Maneja tus finanzas — 75
9. Disminuye el estrés — 91
10. Está bien tener citas (y está bien no tenerlas) — 105
11. Incrementa la independencia de tus hijos — 119
12. Concéntrate en tu carrera — 133
13. Considera la educación en casa — 143

Conclusión — 155
Referencias — 157

Introducción

Seamos sinceros. No hay nada fácil en la crianza de los niños. Y menos aún, en ser madre soltera. Pero, de nuevo, no hay nada fácil en ser madre en general, y el hecho de que algo pueda llegar a ser difícil o incluso agobiante, no significa que no valga la pena ni que no pueda hacerte feliz.

A veces, pasar de sobrevivir a prosperar te podrá parecer imposible y eso es porque hay muchos desafíos asociados con ser madre soltera. Es un rol que tiene una enorme responsabilidad y nadie con quien compartirla.

A menudo operas con un solo ingreso (si es que no cuentas con una pensión por parte del otro padre), posiblemente tendrás que interactuar regularmente con una ex pareja y compartir tiempo con tus hijos, adoptar ambos roles de crianza y hacer frente a la soledad, el estrés y las dudas.

Introducción

Y sí, injustamente, las personas pueden llegar a juzgarte por el estado de tu relación o minimizar las dificultades que enfrentas, muchos no entenderán tu realidad y eso está bien, pues no son personas que merezcan tu atención.

En realidad, la maternidad como mujer soltera puede tener algunas ventajas, pues hay una cierta libertad en ser madre soltera que otras mujeres pueden no experimentar. Te da la oportunidad de crecer como persona y de crecer en tu relación con los demás mientras confías en un grupo de apoyo más grande y en tus habilidades, en lugar de solo en tu cónyuge para que sea tu fuente de fortaleza, paz, guía, orden y satisfacción.

Las madres solteras a menudo tienen la oportunidad de formar un vínculo único con sus hijos que las madres casadas no pueden. Sin mencionar que nunca tendrás que regañar a nadie para que no vuelva a dejar el asiento del inodoro levantado o preocuparte por acaparar el baño cuando te arregles por la mañana.

La maternidad es una hermosa experiencia, y aunque sea intimidante, no tienes por qué pasarla sola. Puedes construir una comunidad empática y sólida, tienes diversas opciones para aligerar tu proceso y, si aprendes a ser creativa y a administrarte, podrías descubrir que en realidad puedes con esto y más.

Introducción

Esto no significa que será fácil. Siempre habrá días en los que te sientas agotada, tal vez sola, tal vez dudes de todo.

Y es por eso que este libro pretende darte opciones, para que en aquellos días en los que todo parezca sumamente difícil, tengas técnicas y opciones en las que apoyarte. Eres grandiosa, y lo estás haciendo muy bien.

1

Trabaja con tus emociones

La maternidad siendo soltera viene con un conjunto único de desafíos emocionales que, a veces, pueden parecer abrumadores. Puede parecer como caminar por el sendero de los Apalaches con una mochila pesada: la mochila tiene tus cosas esenciales y a veces te pesa. Los retos que enfrentas como madre soltera, desde la duda y la ansiedad por el dinero hasta el estrés de tomar decisiones sola, pueden llegar a ser sumamente paralizantes.

Incluso si tu elección fue terminar el matrimonio o la relación, todavía hay dolor por la pérdida de la unión en sí, por lo que podría o debería haber sido, o por el hecho de que tus hijos no crecerán con dos padres juntos en una relación amorosa. Es difícil y lleva mucho tiempo. Tampoco existe una cantidad de tiempo establecida que sea aceptable o normal para el duelo ni sucede de manera lineal.

. . .

El dolor es una bestia extraña. Siempre está contigo y asoma su cabeza justo cuando crees que lo has matado. Pero es mejor convivir con él y enfrentarlo, pues después de algunas rondas de eso, te volverás más fuerte y estarás más lista para hacer espacio en tu vida para nuevas cosas, personas y relaciones.

Mientras tanto, ten en cuenta que, en los primeros días del proceso de duelo, los cambios de humor son normales y simplemente date permiso para sentirte francamente mal por las cosas. Aun así, mantente conectada con los demás.

Incluso si te sientes tonta contactando a ese amigo de la escuela secundaria en Facebook, es bueno comunicarte cuando y donde sea posible.

Si bien no deseas analizar interminablemente lo que sucedió, también es importante comprender los viejos patrones antes de embarcarte en nuevas relaciones, especialmente porque las consecuencias de las relaciones de rebote pueden tener un efecto adverso en tus hijos. Por lo tanto, encontrar un consejero o terapeuta con quien hablar puede ser una inversión muy sabia en tu salud mental y emocional.

. . .

Deja de recordarte a ti misma que estás soltera todos los días. ¡Mejor estar soltero y saludable que en una mala relación!

Y sí, deja que te vean llorar. Mira, no eres perfecta así que deja de intentar serlo ahora mismo. Simplemente habrá momentos en los que la fachada se derrumbará y tu familia te verá llorar o estar triste.

Eres humana y tienes tus límites y tus hijos bien podrían saberlo. Cuando esto suceda, si puedes, llama a otro amigo o amiga soltero/a. Las probabilidades son de diez a una de que hayan pasado por eso e incluso si no lo han hecho, créeme, no estás sola. Pero cuando te hayas calmado, vuelve con tus hijos y ofréceles una explicación y, si corresponde, una disculpa (especialmente en el caso de perder el control y gritar).

Tal vez la sabiduría convencional dice que eres la adulta, ¿por qué deberías tener que dar explicaciones o disculparte por algo? Pues si quieres que tus hijos te respeten, tienes que tratarlos con respeto. Nunca se siente bien que te griten y en el acto de reconocer tus acciones y disculparte por un comportamiento del que quizás no estés muy orgullosa, tus hijos aprender una lección valiosa: asumir la responsabilidad de sus propias acciones y que existe un estándar bajo el cual se espera que tratemos a los seres queridos.

. . .

De esta manera, mantienes el listón más alto para ellos, y para ti misma, cuando estás dispuesta a disculparte cuando tu comportamiento se desvía. Y al final del día, todos somos humanos y nunca perfectos.

Puede que llegues a pensar que no hay salida. El deber de estar presente las 24 horas del día, los 7 días de la semana puede hacer parecer que no hay nadie a quien pasarle la batuta cuando estás pasando por un mal momento (o día) de crianza, y esto puede provocar desesperación en los padres.

Debes aprender a no preocuparte tanto por las cosas pequeñas. Si los niños entran todos mojados o hacen garabatos con tu lápiz labial en el sofá, trata de entrenar tu primera reacción para que sea un suspiro de risa, o alguna otra reacción facial o vocal que no sea la ira. Si no puedes hacer eso, entonces trata de reconocerte a ti misma: "estoy estresada por 'x' en este momento, y está afectando negativamente mi capacidad de ser madre" como una forma de distanciarte del estrés.

Podrás darte cuenta de que, si levantas las manos, las cierras y las abres, luego cierras los ojos e inhalas y exhalas profundamente como en el yoga, por lo general podrás restablecer tu estado de ánimo lo suficiente como para salir de cualquier situación en la que te encuentres.

. . .

Cuando necesites un momento, pon a los niños a dormir.

Cualquier momento puede ser la hora de la siesta. Es mejor que los pongas a dormir que actuar con enojo hacia ellos porque necesitas un momento.
O simplemente siéntalos frente al televisor y entra a tu habitación para tomar un respiro.

Seguramente tendrás dudas, pues es muy difícil saber si estás haciendo un buen trabajo. Cuando estás en pareja, tienes a alguien que está de acuerdo (o en desacuerdo) con tus métodos y puede ayudarte a ver el mérito en tus momentos positivos de crianza y ayudarte a mejorar donde fallas. Pero como madre soltera tienes que hacer eso sola, y no siempre es fácil.

Lo que realmente ayuda es rodearte de otras madres de niños pequeños. Puedes ver dónde se quedan cortas y aprender de eso, e inspirarte por las cosas que hacen bien.

Al final del día, te recuerda a ti misma que nadie es perfecto.

Sabrás que al menos estás haciendo algo bien porque tus hijos se ven felices y prósperos. Respira hondo, llora si es necesario, luego levántate y sé la mejor madre que sabes ser.

Puedes darte cuenta de que te encuentras extremadamente estresada y ansiosa por tomar todas las decisiones por tu cuenta. Ya sea qué tipo de cortadora de césped comprar o a qué escuela enviar a los niños.

Podrías pedirles consejo a tus padres o amigos, pero también piensas que eres la única que está completamente interesada en tus hijos.

Sin embargo, trata de recordar que nada es tan importante mientras te apoyes y comuniques con tus hijos. Con el tiempo, aprenderás a confiar en que todo va a funcionar y a ver la toma de decisiones como un honor. Claro, siempre hay dudas, pero en general, verte obligada a tener esta responsabilidad te hará una mejor persona, pues encontrarás confianza e independencia.

Esto puede verse como algo positivo. Nada de negociar con otros cuando la decisión es tuya. Si es tu fin de semana con los niños, tú decides si quieres ir de campamento o hacer un viaje rápido fuera de la ciudad.

. . .

Y sí, también puede que extrañes a los niños cuando estén con su otro padre. La soledad es un desafío constante, y una de las partes más difíciles seguramente será acostumbrarte a estar sin tus hijos. La primera vez que tus hijos vayan a casa de su padre durante todo un fin de semana, podrías llegar a sentir que todo el aire ha sido succionado de la habitación.

La solución podría ser simplemente planear esos tiempos, para no darte la oportunidad de entrar en un desánimo.

Obligarte a comunicarte con amigos y programar salidas nocturnas para cantar karaoke o ir a cenar o alguna actividad divertida, cosas que no puedes hacer cuando los niños están en casa.

O también, ¡pasa ese tiempo redescubriéndote! Ve a un museo de arte al que normalmente no podrías ir con los niños. Ve una película clasificada R en la tarde de un sábado, o pon tus canciones favoritas y baila por la casa. Lo que sea que hagas, quieres sentirte independiente y liberada.

También, seguramente sentirás estrés y ansiedad por el dinero, y pueden llegar a ser sentimientos sumamente difíciles de manejar. Recuérdate a ti misma que mientras tengan comida en la mesa, incluso si solo son frijoles y verduras, estarán bien. Si escribes un presupuesto para el mes, te ayuda a ver a dónde va todo tu dinero y a dónde debe ir, lo que ayuda a organizarte. Hablaremos de esto más a fondo.

También, asegúrate de hacer ejercicio todos los días que puedas a la semana, incluso si es simplemente una caminata, ejercicio en casa, por la mañana o después de acostarte. El ejercicio te hará sentir menos estresada.

Un gran desafío es el aceptar una familia diferente a la que planeabas tener.
    Puede que te hayas criado en un hogar monoparental y no querías eso para tus hijos, que pienses en todas las cosas que te perdiste cuando eras niña en relación con tener un padre ausente. Puede que te preocupe constantemente cómo lidiará tu hijo/a con saber que su padre no está cerca, o al revés, que hayas imaginado una familia tradicional toda tu vida, y ese deseo ya no sea posible.

Algo que puede ayudar mucho es prepararte mentalmente para las preguntas que tus hijos podrían hacer algún día.

. . .

Pensar en cada pregunta o escenario posible y prepararte para ello, sin que te tomen por sorpresa. No significa que te debas preocupar por estas cosas, simplemente prepararte.

Recuerda que ya no existe una definición estándar de familia. La familia es lo que tú haces de ella. Puede incluir amigos que son como familia, padres, madres, abuelos, tíos, parejas... Aceptar esa idea es el primer paso para aceptar a la familia que tienes.

A menudo se espera que las madres sean súper mujeres cuando el otro padre no está involucrado. Después de pasar el día trabajando a tiempo completo y luego estar en casa como mamá, es fácil olvidarse de cuidar de ti misma.

Podrías tomarte al menos una hora a la semana para hacer algo por ti misma. Podría ser salir a caminar o escribir en un diario, simplemente algo que te permita reconectarte con quien eras antes de convertirte en mamá.

Pon a dormir al bebé y por muy cansada que estés, abre una cerveza y pinta, o estira lienzos, o boceta cualquier cosa, o escucha un podcast, o mira una película, o lee un libro. A veces vale la pena dejar las tareas de la casa para mañana.

Evita usar alcohol, fumar o comer en exceso como apoyo.

Este es un proceso difícil, por ejemplo, las fiestas de cumpleaños de los niños podrán estar repletas de alcohol para los padres mientras los pequeños saltan en el castillo inflable. Tampoco habrá ninguna vergüenza en bromear con otra madre cuando dejes a tu pequeño para una cita de juegos, "¿ya es hora del vino?"

Sin embargo, esto comienza a agotarse cuando, de repente, tu hijo tiene diez años y te das cuenta de que te ha estado observando servir la proverbial copa de Merlot vespertino durante la mayor parte de la vida que puede recordar. O tu muleta podría ser la comida o fumar tabaco o marihuana. Sea lo que sea, poco a poco se convertirá en la única cosa en la que confías para darte un poco de alivio al final del día.

Es difícil desafiarte a ti misma en estas cosas y salir de tu zona de confort. Pero cuando te detengas a pensar en el hecho de que estamos constantemente modelando comportamientos para nuestros hijos, sabrás que es necesario hacernos preguntas difíciles que pueden llevarnos a darnos cuenta de que tal vez algunos de estos comportamientos no sean tan buenos e incluso potencialmente dañinos.

Esto puede ser un ejercicio maravilloso y liberador para ti y, desde entonces, ayudarte a decidir reducir considerablemente tu consumo de cualquier sustancia y, de ser algo cotidiano, limitarlo a los fines de semana o a ocasiones sociales especiales. Tanto tu sueño como tu productividad mejorarán y te permitirán hacer frente mejor a algunas de las hondas y flechas de criar un niño o niña, que después será un adolescente.

También hay señales de que la sobriedad está ganando una especie de caché cultural. Se han explorado alternativas a la cultura del alcohol que están surgiendo en ciudades de todo Estados Unidos, aunque sobre todo en las costas oeste y este.

Las comunidades de bienestar ofrecen raves, fiestas de baile, reuniones y conciertos sin alcohol, que definitivamente son una versión diferente y 2refrescante de las ofertas emergentes de la cultura pop.

Por supuesto, no hace falta decirlo, si realmente tienes ganas de tomar esa bebida, fumar o comer, y esto se ha convertido en algo que no es solo una muleta, pero no puedes imaginar vivir sin él, podría ser hora de enfrentar lo que motiva estas conductas y buscar ayuda para sacar esta posible adicción de tu vida.

Existen aplicaciones que ayudan a perseguir diversos objetivos relacionados con este tipo de problemas, y claro, siempre es necesario acudir con un profesional; pero en última instancia, el punto es asegurarte de que tus muletas no te controlen.

No hay nada de malo en desahogarte o recompensarte al final de un largo día o celebrar una ocasión especial. Y solo tú puedes saber dónde está esa línea cuando la cruzas y se convierte en algo más grande que necesita ser tratado. Esto también es parte de identificar y convivir con tus emociones.

2

Acepta tu nueva vida

La vida pasa. Eso es demasiado cierto para los padres solteros: la mayoría de las personas no forman una familia sabiendo que la criarán solas. Además, aquellos que están criando una familia solos, por una u otra razón, nunca están completamente preparados para los muchos desafíos que conlleva.

Ser 100% responsable de la vida de los niños, al tiempo que atiendes sus necesidades emocionales, físicas, de desarrollo y educativas, y al mismo tiempo mantienes los deberes de un hogar estable, puede ser un trabajo agotador, hiriente e ingrato. Sí, suena bastante triste.

¿Deben las madres y los padres solteros creer que sus vidas serán un constante redoble de niños, facturas, tareas del hogar que se repetirán para siempre?

. . .

¿Tu camino en la vida alguna vez será satisfactorio fuera del tren de trabajo ininterrumpido de una madre soltera? Por supuesto que lo hará.

Tu éxito, felicidad y despertar no se deberán a tus pensamientos negativos sobre ser madre soltera. Se basará en lo que hagas con esos pensamientos como madre soltera.

Darte cuenta de eso te ayudará a frenar tu energía negativa y convertirla en algo útil.

Cuando reconozcas las actividades que realizas a diario con y para tu familia, te darás cuenta de que tienes una energía positiva y vibrante para obtener toda la felicidad y plenitud que tu corazón anhela. Un primer paso es aceptar tu zona de confort.

Como madre soltera, a menudo sentirás la necesidad de compensar en exceso por lo obvio: un cónyuge desaparecido. Podrías intentar hacer muchos amigos, unirte a grupos amistosos, probar citas en línea. Una y otra vez, solo para sentir que estás mejor con un pequeño círculo social.

. . .

Y tal vez eso es porque ahí es donde realmente estás destinada a estar.

Si te sientes en paz solo o con un pequeño grupo de amigos de confianza, no lo cuestiones. ¡Abrázalo! ¡Y date cuenta de que no tiene nada de malo!

Acepta tu zona de confort como eso: tu espacio personal que te da equilibrio y paz. Te mantiene fuera de situaciones cuestionables y te mantiene nivelada a medida que avanzas en tu día equilibrando el hogar y los niños. Cuanto más rápido aceptes y ames tu zona de confort, más contenta te encontrarás.

También, acepta tu soltería. Puede que estar lejos del padre de tus hijos fuera la mejor decisión para tu familia, que no quisieras que tus hijos crecieran rodeados de peleas, discusiones y faltas de respeto. Claramente, puede haber otras razones por las que este espacio se encuentre vacío, pero tal vez, este sea tu caso.

Si bien puede que terminar la relación por el bien de tu familia haya sido la decisión correcta, puedes llegar a preguntarte, ¿qué hay de tu bien? ¿Estás condenada a la soltería para siempre? Quizás. ¿Y qué si es así?

Ser soltera significa que puedes tomar tus propias decisiones.

Puedes gastar tu dinero como quieras sin consultar con nadie más, planificar los viajes que quieras y permitir que tus hijos se queden despiertos un poco más de lo habitual sin la opinión de otras personas.

Puedes tomar el control de las responsabilidades financieras, mejorar drásticamente tu puntaje de crédito e incluso salir de la deuda mucho mejor que cuando estabas con alguien que no tenía buenos hábitos de dinero, por ejemplo.

Una vez que hayas logrado superar la etapa de duelo, intenta disfrutar de tu soltería y de las muchas libertades que conlleva. Haz algo espontáneo como tomarte unas vacaciones al azar con los niños (o sola). Deja los platos sucios por unos días más. ¡No dobles una maldita pieza de ropa hasta el fin de semana! Toma decisiones que se enfoquen a cuidar de ti.

. . .

Y así, acepta tu apariencia. "Estás demasiado flaca. Muy gorda. Tu cabello es demasiado rizado. Demasiado enredado…" Inventarás todas y cada una de las excusas de por qué aún no has atraído a "la persona indicada". La mayor parte del tiempo; sin embargo, no es tu apariencia, sino, probablemente cómo te comportas en esa apariencia.

Si te vistes para el trabajo como si no quisieras que se te acerque el chico lindo de tecnologías de la información o la chica sexy del departamento de contabilidad, entonces nadie se te acercará. Pero si te vistes como si te sintieras positiva y maravillosa, entonces las personas positivas y maravillosas se darán cuenta (y si no son tan positivos y maravillosos, ¡oye, no hay nada de malo en un poco de adulación!).

Puede que la experiencia de no avergonzarte de tu cabello o tu cuerpo nunca fuera algo que pudieras explorar en algunas relaciones pasadas. Pero ahora, puedes darte la oportunidad de desarrollar un aprecio muy especial por tu cuerpo que solo tú entiendas. Y no deberías tener que ceder en eso para encontrar pareja.

Aún mejor: apreciar tu cuerpo comienza contigo. Puedes tomar esa clase de yoga, de ciclismo o de kick-boxing sabiendo que lo has hecho para mejorar de ti para ti, no para otra persona. Incluso puedes aprovechar esta oportunidad para comenzar a pasar más tiempo de calidad con tus hijos, haciendo todos ejercicio y actividades provechosas.

También es importante que pienses en tu carrera. Al hablar de trabajo, muchos expresan que se sienten sobrecargados de trabajo, mal pagados y subestimados. Puede que esta también sea tu realidad, pero como madre soltera sería útil tratar de ser más cuidadosa con lo que haces en el trabajo: en lugar de odiar tu trabajo en secreto, acéptalo.

Sé agradecida por ello. Agradece el hecho de que puedes mantener a tu familia por tu cuenta.

Y aprende a enfocarte más en lo que te gusta de tu trabajo.

¿Te encanta la redacción técnica? Sé la persona de referencia para la creación de guías de escritorio. ¿Buena en el procesamiento de números? Conviértete en una experta con Microsoft Excel.

. . .

Incluso con tareas o aspectos de tu trabajo que no amas tanto, aprende a aceptarlos, pero no te concentres demasiado en ellos. ¿Tienes compañeros de trabajo tóxicos?

Reconócelos, pero no los entretengas. ¿Tu jefe es un imbécil de clase mundial? Averigua qué lo motiva y haz lo contrario.

Si decide ser un imbécil en todo, enfócate en nuevas habilidades para un mejor trabajo.

También puedes utilizar este enfoque fuera del trabajo.

Aprende un nuevo idioma a tiempo parcial en línea o en un colegio comunitario económico.

Prueba tu mano en la codificación de forma gratuita en Internet. Inscríbete en ese curso de gestión de proyectos que has pospuesto durante años. Puedes encontrar mucho más éxito en tu trabajo (o un mejor trabajo) simplemente aceptándolo de manera más efectiva.

Incluso al hacer los quehaceres y cuidar a los niños durante los partidos de fútbol, puedes pensar en la mejor manera de mejorar tu vida. ¿Por qué no enfocar más esa pasión tuya?

. . .

Decide invertir en esas pasiones tuyas que puedan ayudarte a mejorar. Con solo una persona manejando las finanzas, no tienes que justificar invertir en tu pasión para mejorar tu vida, solo tienes que organizarte mejor.

Y regálate un libro. Claro, eres una mamá soltera bastante brillante. Pero puedes darte el lujo de ser más inteligente.

Diablos, todos podemos. Si hay algo en lo que has querido incursionar (es decir, inversiones, finanzas personales, jardinería, caminatas, cocina), infórmate al respecto.

¡Leer es fundamental! Ser tu propia maestra es una de las mejores maneras de aprender algo nuevo.

Estás adquiriendo nueva información teórica y orgánicamente a través de tus propios procesos de pensamiento y comprensión, no se necesitan pruebas o cuestionarios estandarizados.

. . .

Leer sobre temas interesantes es un ejercicio para el cerebro, te ayuda a desestresarte, y si eres como yo y tiendes a leer mucho con tus hijos, también podría ayudarlos a desarrollar mejores hábitos de lectura.

Y, por otro lado: deja de disculparte. Muchas veces, las madres solteras siempre asumen que han hecho algo mal. Se cuestionan mucho a sí mismas, sus decisiones y sus acciones porque no tienen otro adulto inquisitivo en la casa. Pero llega un punto en el que simplemente tienes que dejar de disculparte por todo.

Estar en constante arrepentimiento de tus decisiones podría provocar todo tipo de sentimientos inestables. ¡No te lo hagas a ti misma! Di lo que quieres decir y piensa lo que dices más a menudo. Mantente firme por una vez y no sientas la necesidad de retirar nada.

Además, defender lo que piensas y sientes genera confianza y fuerza interior.

Es posible que te encuentres un poco más segura en el trabajo contra compañeros de trabajo agresivos. No disculparte no significa que te hayas convertido en una insensible, simplemente significa que defiendes lo que crees.

. . .

Y deja de preocuparte... por las cosas equivocadas. Cuando dejas de preocuparte por las opiniones de los demás sobre ti, tu oficio, tu familia o tu vida, realmente empiezas a vivir.

Vivir para la aprobación de los demás es un camino rápido hacia la infelicidad.

Cuando marchas al ritmo de tu propio tambor, la otra música se apaga un poco a tus oídos. Lo que tus padres, amigos, vecinos o maestros piensen sobre tu vida deja de ser un problema porque ya no te importa darles la energía.

Deja de preocuparte por cosas de las que no tienes control.

Y tampoco te avergüences de tus sentimientos. La mayoría de las personas no quieren que se sientan sus emociones más crudas, pero si eso se convierte en un patrón crónico, puede llevar fácilmente a la depresión y ansiedad a largo plazo.

. . .

Deja que tus sentimientos sean conocidos. Si estás lidiando con un ambiente de trabajo estresante, hazlo saber. De una manera respetable pero directa, menciona las preocupaciones legítimas sobre el estrés creciente que sientes en el trabajo, por ejemplo. Tú, como todos los demás, tienes derecho a un entorno de trabajo estable y acogedor. Y eso no es nada de qué avergonzarse.

Si estás estresada en casa, hazlo saber. Informa a tus hijos sobre lo que realmente te está enfermando (el estrés puede provocar enfermedades graves) en casa y diles que necesitas su ayuda para sobrellevar la situación. Haz que se hagan cargo de más tareas. Exige más respeto de ellos, incluso si eso significa aplicar un poco de amor duro. Si necesitas tomarte unas vacaciones sin ellos, ¡hazlo y no te arrepientas!

Si estás en una relación, permite que se escuchen tus sentimientos. Dile a tu pareja lo que te molesta, sin importar cuán tontos puedan pensar que son. Si eligen no mostrar respeto, eso es algo bueno. Ahora sabes qué dirección debe tomar tu relación. Y eso tampoco es nada de qué avergonzarse.

¡Así que sal y comienza a vivir tu vida como una madre soltera más feliz, exitosa y despierta! Acepta y agradece por lo que tienes, no te enredes en aquello que no puedes cambiar, y sé paciente y positiva al respecto.

3

Construye comunidad

Tan básico que casi no hace falta decirlo, pero ninguno de nosotros puede hacer todo por sí mismo. Necesitamos amigos, familia y comunidad. Es posible que tengas cualquiera de estos en diversos grados, dependiendo de tus circunstancias, pero olvídate de cualquier tipo de complejo de superhéroe que puedas tener y comunícate con aquellos que podrían ayudarte, ya sea para tener un hombro para llorar, quejarte y gemir o ayudar con el cuidado de los niños, todo ayuda.

A estas alturas, todos han escuchado las frases usadas en exceso: "encuentra tu tribu" o "tu vibra atrae a tu tribu".

Hay una razón por la que los dichos se ponen de moda y se convierten en frases muy usadas en nuestro léxico popular, pero es mejor usar la palabra comunidad en su lugar, parece una palabra menos asimilada y más auténtica en nuestra cultura occidental.

Después de todo, si mal no recuerdo, colonizamos muchas tribus nativas americanas cuando construimos este nuevo país. Parece un poco doble ir ahora y comenzar a llamarnos "tribus". Para llegar al punto importante, se trata realmente de ser auténtica y atraer a aquellos que buscas en virtud de compartir intereses y puntos de vista similares sobre la vida.

Esto puede ser más fácil decirlo que hacerlo cuando estás haciendo malabarismos con la vida de tus hijos, tu trabajo, manteniendo tu casa en funcionamiento y todo lo que implica ser una madre soltera, ¿verdad? Y la realidad es que las personas que serán tus amigos cuando tengas hijos pequeños, especialmente, son los padres de los amigos de tus hijos. Así es como funciona.

El camino de la menor resistencia se desarrolla día a día.

Como debe ser porque, de hecho, estas son las personas que son, por naturaleza, miembros de tu comunidad. Tendrás más en común con otra madre que cría a un niño de la misma edad, que tiene intereses similares a los tuyos.

. . .

Para conocer a otros padres y madres, podrías crear una red de cuidado de niños con otros amigos que sean padres solteros, ofreciéndose a supervisar a los niños de otra persona durante una noche en un horario rotativo con todas las personas ofreciendo lo mismo.

Usa las redes sociales sabiamente. Únete o crea una página de Facebook para padres solteros locales. Pueden intercambiar ideas, servicios, cenas compartidas, reuniones, recomendaciones sobre proveedores… la lista es interminable y puede proporcionarte conexiones si no las tienes integradas a través de la familia o los amigos de tus hijos.

También podrías probar unirte a una iglesia o grupo comunitario. Esto último especialmente, incluso si no te consideras religiosa o del tipo que va a la iglesia. Las iglesias a menudo tienen grupos de madres y brindan servicios de guardería. Luego, conocerás a personas que se encuentran en la misma fase de la vida que tú y tus hijos, para divertirse y hacer amigos también en el proceso.

Únete a las clases *Mommy and Me* o a cualquier otro deporte o actividad, como clases de natación para los más pequeños, en las que tú y tus hijos participen. No hay mejores personas para conocer que otras mamás con niños: ¡son tu comunidad!

Una infancia es más grande que la suma de sus partes. A veces, la crianza de los hijos solos puede parecer una carrera sin fin con la antorcha hacia una línea de meta que nunca se acerca. Es inevitable preocuparte si tus enfoques para la crianza de los hijos van a dejar a tu hijo/a con años de facturas de terapia o si podría terminar trabajando como empleado de una estación de servicio el resto de su vida.

Esto es normal. No temas.

Lo más probable es que esto no suceda y, de todos modos, la terapia es realmente muy útil, ya sea que odies o no a tus padres. Todos nos preocupamos de vez en cuando (o todo el tiempo) cuánto dañarán a nuestros hijos los efectos del divorcio y cualquier otra cosa que suceda en su infancia.

Pero como sabemos, los niños son criaturas resistentes, tú sobreviviste y ellos también.

. . .

Lo que no nos mata nos hace más fuertes, como dice el refrán. Verdaderamente, mientras estés ahí para tus hijos, ellos saben que los amas incondicionalmente y que siempre pueden contar contigo, estarán bien y superarás los momentos difíciles.

Una vez escuché a alguien transmitir un fragmento de sabiduría, que siempre se me quedó grabado: criar niños es fácil, hay que marinarlos con amor para que cuando sean adultos, estén listos para el mundo. Verdaderamente, el amor expresado y el tiempo que pasas con tus hijos es más importante que cualquier otra cosa que les puedas dar, y es aún más significativo cuando pueden ser parte de una comunidad amorosa.

Diversas experiencias trabajando con niños de todo el mundo han descubierto que lo más importante que afecta el desarrollo positivo de los niños es una relación con un adulto afectuoso, que podría ser un padre, un maestro, un entrenador, un consejero de campamento u otro adulto. Y existen toneladas de datos de investigación para respaldar esto.

Dicho esto, las personas pueden brindarte apoyo de tres maneras principales: ayuda práctica para aligerar la carga de trabajo, apoyo emocional para ayudarte a sobrellevar la crianza de los hijos y apoyo social para darte un respiro. La mayoría de los padres, ya sean padres solteros o parejas, necesitan las tres formas de apoyo, y eso es normal.

Pedir ayuda y decir que sí cuando se te ofrece puede ser difícil a veces. Es posible que sientas que deberías poder arreglártelas sola. También podrías preocuparte de que estés siendo una molestia.

Pero a muchas personas les gusta ayudar, y se alegrarán si les pides que hagan algo específico. Y si estás preparada para ayudarlos a cambio, no necesitas sentirte incómoda.

Si te resulta difícil pensar en personas que podrían ayudar, puedes probar, inicialmente, contactando a tus amigos. El apoyo de los amigos a veces puede ser menos complicado y emocional que el apoyo de la familia.

También podrías acudir a algún centro de cuidado infantil, jardín de infantes o escuela, un club local, un grupo religioso o un grupo de apoyo; así como a compañeros de trabajo o personas que conoces de la escuela o entrenamientos, pues pueden distraerte de la crianza de los hijos por un tiempo y también pueden ayudarte a veces.

. . .

Otra opción son los consejeros, terapeutas u otros profesionales, quienes pueden ofrecer ayuda y consejos neutrales sin ninguna implicación emocional. Existen líneas telefónicas directas o asesoramiento en línea que podría ser bueno si necesitas pasar mucho tiempo en casa o simplemente necesitas que alguien te escuche de vez en cuando.

También puedes aprovechar las conexiones y servicios en tu comunidad. Los periódicos locales, los ayuntamientos y las bibliotecas suelen tener información sobre guarderías, grupos de juego y las ludotecas.

Las enfermeras de salud infantil y familiar también pueden ser una valiosa fuente de apoyo y asesoramiento.

Los niños, como ya lo discutimos, son un boleto para hacer nuevos amigos en grupos de padres primerizos, jardines de infancia, escuelas o centros deportivos y de ocio. Trata de invitar a otras familias a tomar el té de la tarde o jugar juntos o simplemente a dar un paseo. Cuando hables con otros padres, es posible que te sorprendas de los desafíos y cambios familiares por los que han pasado.

Los grupos de apoyo para padres solteros pueden ser especialmente útiles para compartir ideas, sentimientos y experiencias con otras personas en la misma situación que tú. También puedes unirte a clubes de lectura, clubes artesanales o deportivos, organizaciones benéficas, grupos religiosos o grupos políticos.

Incluso conectarte en línea puede ayudarte a contactar con otros padres de, digamos, Australia y de todo el mundo.

Muchos grupos de padres solteros tienen foros o páginas o grupos de Facebook. Solo recuerda proteger tu información personal cuando te conectes.

Los padres que obtienen apoyo tienden a utilizar estrategias de crianza más positivas, son más capaces de sobrellevar la situación y son más consistentes en las decisiones de crianza que aquellos que tratan de arreglárselas solos.

Cuando busques apoyo, puede ser útil comenzar imaginando el tipo de ayuda y apoyo que te gustaría. Esboza el escenario ideal y luego planifica los pasos para lograrlo. No importa si tienes algunos amigos cercanos o te conectas con un gran grupo de personas. Ambos son igualmente buenos para tu salud y bienestar emocional, siempre y cuando sientas que estás recibiendo el apoyo que necesitas.

. . .

Tanto tú como tu hijo se beneficiarán de tener personas positivas y de apoyo en sus vidas. Así que rodéate de personas que tengan sueños, esperanzas y metas activas. Y si hay personas críticas, inútiles o incluso hostiles en tu vida, podría ser una buena idea poner cierta distancia entre tú y ellos.

Si pasas más tiempo cuidando niños ahora que eres madre soltera, puede ser difícil mantenerte en contacto con amigos que no tienen hijos. O si las amistades se perdieron cuando te convertiste en madre o durante la separación o el divorcio, intenta volver a ponerte en contacto. Sé honesta y admite que lamentas haber perdido el contacto, pero que deseas volver al contacto ahora.

Si te resulta difícil organizar tiempo libre para los niños, puedes reunirte para tomar un café en un café para niños o reunirte en el parque para que los niños tengan algo que hacer. Existen opciones, y así como tu comunidad cuidará de ti, es importante que cuides de tu comunidad.

Durante este proceso, cuestiona toda la sabiduría convencional. La mayoría de las personas pasan por la vida sin detenerse a cuestionar "verdades evidentes" tales como "saca buenas calificaciones para poder ir a la universidad, para que puedas conseguir un buen trabajo, para que puedas obtener una hipoteca, para poder casarte…", y así sucesivamente.

Aunque tal vez sea más un mito que una realidad, la metáfora de los lemmings saltando por el precipicio siguiendo a las masas es poderosa. Hay algo liberador en llegar al punto de la vida en el que te das cuenta de que realmente no necesitas seguir las reglas de vida de nadie más que las tuyas (¡sin violar la ley de ninguna manera!).

Criar hijos por tu cuenta, ya sea que el otro padre esté o no involucrado, es bastante difícil. No te presiones aún más tratando de mantenerte al día con las expectativas de otras personas, ya sean familiares o amigos, en cuanto a cómo debes gobernar la vida de tu familia. Esa no es la comunidad que necesitas.

4

Considera la crianza positiva

EN ESTOS DÍAS, no hay escasez de estilos de crianza. Pero existen investigadores y terapeutas que, después de trabajar con miles de familias durante una gran cantidad de años, han descubierto que la crianza positiva es una de las más efectivas y, para ellos, la favorita.

A diferencia de la crianza autoritaria, que pone altas expectativas en los niños con poca capacidad de respuesta, o la crianza no involucrada, donde hay poca atención u orientación, la crianza positiva es un enfoque basado en la empatía que involucra técnicas como el aliento y la resolución de problemas, en lugar de gritos, hostilidad, avergonzar o aprovechar las recompensas.

De hecho, los estudios han encontrado que cuando los padres recurren a gritos o regaños constantes, generalmente terminan sintiéndose frustrados, enojados y luego culpables. Los niños, a su vez, también pueden sentirse frustrados y enojados, y continuar comportándose mal. Al final, se obtienen muy pocos cambios, y es probable que el ciclo se repita.

Los padres que practican la crianza positiva no usan castigos severos para corregir el comportamiento problemático. En cambio, satisfacen de manera proactiva las necesidades emocionales de sus hijos a través de interacciones positivas, lo que puede evitar que ocurra una gran cantidad de malos comportamientos en primer lugar.

Una crianza positiva se expresa con acciones tan sencillas como:

- Pasar tiempo con tus hijos y disfrutar los momentos de conexión que puedan tener
- Celebrar con palabras acciones y buenos comportamientos, en lugar de usar premios o sobornos
- Reconocer que la maternidad puede ser estresante, y concentrarte en aquello que sí puedes controlar
- Proveer normas y consecuencias consistentes y apropiadas a la edad de tus hijos para guiar su comportamiento

- Utilizar interacciones positivas para corregir el comportamiento problemático, en vez de gritar, encerrarlos o regañarlos
- Trabajar hacia un balance en el que tus necesidades como madre y las necesidades de tus hijos se encuentren y entiendan

De acuerdo con Caley Arzamarski, defensora de la crianza positiva y psicóloga especializada en terapia infantil, la crianza positiva esencialmente alienta a los padres a atrapar a los niños siendo buenos y brindar comentarios positivos, en lugar de centrarse siempre en el mal comportamiento.

A algunos padres les preocupa que la paternidad positiva sea demasiado suave, argumentando que los niños no aprenderán a interpretar y reaccionar ante las emociones negativas si los padres no los ayudan a verlo, lo que puede no serles útil más adelante en la vida.

Sin embargo, los psicólogos han descubierto que la crianza positiva puede promover la confianza de los niños y brindarles las herramientas necesarias para tomar buenas decisiones. También nutre su autoestima, creatividad, creencia en el futuro y capacidad de llevarse bien con los demás. Y esto no significa que las malas acciones o las actitudes negativas sean ignoradas.

Como padres, cometeremos errores y perderemos la calma.

Eso presenta una oportunidad ideal para disculparnos con nuestros hijos y modelar cómo podemos recuperarnos cuando nos equivocamos, y de esto también pueden aprender los niños.

Pasen tiempo juntos uno a uno

Pasar tiempo de calidad regular con tus hijos y modelar un buen comportamiento es, con creces, lo mejor que puedes hacer para ayudarlos a desarrollar confianza en sí mismos y tener relaciones saludables.

Los niños están programados para necesitar atención positiva y conexión emocional. Cuando no lo reciben, lo buscan de forma negativa, y los padres se enfrentan a luchas de poder, lloriqueos y crisis. Solo se necesitan de 10 a 15 minutos de tiempo individual al día para ver mejoras. Disfrutar de los momentos de conexión también te ayudará a crear una relación más profunda y significativa.

. . .

Establezca reglas de "cuando… entonces"

Establecer expectativas claras es un aspecto central de la crianza positiva. Se recomienda usar el método "cuando-entonces" para fomentar un mejor comportamiento durante los momentos más difíciles del día de tus hijos.

Explícale a tu hijo que cuando se hace la parte desagradable de una tarea temida, entonces pueden suceder cosas más agradables. Por ejemplo, pueden usar su iPad o jugar afuera después de completar su rutina matutina (lavarse los dientes, vestirse, desayunar) si hay suficiente tiempo antes de que llegue el autobús.

"Cuando termines de desayunar, te laves los dientes, te vistas, y estés listo/a para ir a la escuela a tiempo, podrás jugar afuera mientras esperas el autobús". Sigue esta práctica y tus hijos aprenderán rápidamente a seguir la rutina por su cuenta. No es necesaria ninguna pelea.

Di no a las recompensas

Los estudios han encontrado que es probable que los niños que reciben recompensas a menudo pierdan interés en la actividad por la que están siendo recompensados, ya sea practicar música o llevarse bien con un hermano. Se interesan más en las recompensas, lo que significa que es posible que debas mantener las recompensas para mantener la misma calidad de comportamiento.

Usar el estímulo es una mejor manera de sacar lo mejor de tus hijos, pero evita frases que apunten a su carácter o personalidad, como "¡eres el mejor jugador del equipo!" o "¡eres tan inteligente!" En su lugar, fomenta el acto específico.

Si tu hijo muestra preocupación por alguien que parece triste, por ejemplo, señala lo que hizo bien: "Fue muy amable de tu parte preguntar si tu amigo está bien". Enfatiza cómo la otra persona pudo haber apreciado su amable gesto.

Di sí a las consecuencias apropiadas

Cuando un niño comienza a portarse mal, hacer cumplir las consecuencias naturales puede convertir las malas decisiones en oportunidades de aprendizaje. Solo asegúrate de que el niño es realmente capaz del comportamiento esperado y la consecuencia es justa y respetuosa.

Es necesario que introduzcas la consecuencia por adelantado para que el niño tenga el poder de elegir (esto hace que se sienta menos como un castigo). Por ejemplo, si tu hijo se niega a ponerse botas de lluvia en una mañana lluviosa, explícale la consecuencia natural: sus calcetines se empaparán y sus pies se sentirán incómodamente mojados.

Esto le permite a tu hijo elegir si usar botas o no, y aprender por sí mismo cuál es la decisión correcta. Si elige mal, tendrá que pasar el día con pies mojados e irritados, pero habrá aprendido cuál es la consecuencia de sus acciones.

Concéntrate en lo que puedes controlar

No siempre puedes controlar el comportamiento de tus hijos, pero puedes controlar sus respuestas. Esta mentalidad puede ayudar a los niños a asumir responsabilidades que de otro modo les molestaría, como limpiar su lonchera.

Puedes decir, por ejemplo: "estoy feliz de empacar tu almuerzo escolar, siempre y cuando tu lonchera haya sido vaciada y limpiada". Luego, ayúdalos a encontrar formas de recordar su responsabilidad y cumplir, tal vez con señales visuales como una nota adhesiva o un lugar en la cocina designado para su lonchera.

. . .

Y, si tus hijos tienen que preparar su propio almuerzo como consecuencia, por ejemplo, será una maravillosa oportunidad de aprendizaje.

La crianza positiva se trata de fomentar relaciones respetuosas basadas en expectativas claras. Cuando los niños sienten una fuerte conexión con sus padres, es más probable que se comporten de manera apropiada y crezcan para ser adultos resistentes, seguros de sí mismos, afectuosos y responsables.

5

Duerme lo suficiente

Esto se remonta a la idea de ponerte la máscara de oxígeno antes de ponérsela a tu hijo: si no te cuidas a ti misma, no puedes cuidar a nadie más. Si bien el ejercicio regular no siempre es posible (¿quién tiene esa cantidad de tiempo?), existen excelentes recursos para aprovechar al máximo el tiempo que tienes para mantenerte en forma y saludable.

Existen aplicaciones con un montón de consejos para hacer ejercicio de formas inusuales en casa, simplemente trabajando con lo que tienes, y también recetas nutritivas. Pero si no siempre te sientes tan amazónica como algunos de esos fanáticos de la dieta y cross-fitters pueden parecer, busca algunos consejos de salud y fitness más moderados y con los pies en la tierra.

. . .

Los principales medios de comunicación nos han hecho creer que, si no hacemos al menos 30 minutos de cardio al día, nos estamos fallando a nosotros mismos y poniendo en riesgo nuestra salud futura. Todo esto generalmente conduce a un persistente sentimiento de culpa de que nunca podremos vivir a la altura del santo grial de la salud y el ejercicio. Y esto es una tontería.

En general, si eres consciente de lo que te llevas a la boca e ingieres como alimento, y te mantienes en movimiento a lo largo del día, en lugar de ser mayormente sedentaria, estás a más de la mitad del camino. No seas víctima de la mentalidad de que el ejercicio puede curarlo todo cuando se descuida la nutrición.

Come más alimentos reales, menos alimentos procesados y carbohidratos, y lograrás cambios sustanciales no solo en tu salud, sino también en tu cintura, más que las horas que pasas en cualquier máquina elíptica.

Nuestra obsesión por el ejercicio aeróbico sigue viva, a pesar de que han pasado años desde que el Dr. Kenneth Cooper, padre de la moda aeróbica de los años 70 y 80, se retractó delicadamente de su postura sobre el ejercicio aeróbico estableciendo que, si el objetivo es la aptitud aeróbica, entonces debemos hacer ejercicio a los 65-80% de la frecuencia cardíaca máxima prevista; pero si, por otro lado, el objetivo es solo maximizar los beneficios para la salud y la longevidad, debemos hacer ejercicio por debajo de ese nivel.

Hay alternativas viables que también se adaptan a los estilos de vida ocupados de la mayoría de nosotros. Nuevamente, si duermes lo suficiente y te mantienes saludable, podrás asegurarte de que tus hijos estén haciendo lo mismo.

Un estudio reciente del Boston College reveló que Estados Unidos tiene la mayor cantidad de estudiantes con falta de sueño en el mundo, con un 73 % de niños de 9 y 10 años y un 80 % de niños de 13 y 14 años identificados por sus maestros como afectados negativamente por la falta de sueño. Tal privación crónica del sueño puede manifestarse como hiperactividad, lo que dificulta aún más conciliar el sueño y, por lo tanto, crea un círculo vicioso.

Uno de los principales culpables identificados por el estudio fue la actividad electrónica en los dormitorios. Trata de limitar toda actividad de este tipo para todos los miembros de la familia una hora antes de acostarse para permitir el tiempo de descompresión. Sin mencionar, limita cualquier consumo de cafeína o azúcar antes de acostarte.

. . .

Las madres solteras a menudo dejan de dormir para hacer todo, pero el sueño adecuado hace mejores madres. Sí, ser madre en general puede ser estimulante, emocionante y lo mejor que existe, pero también puede ser simplemente agotador. Y como madre soltera, dormir hasta tarde es un lujo superior que solo se puede permitir unas pocas veces al mes, cuando los niños están con su padre.

Seguramente en tu experiencia como madre soltera, cada pequeña cosa comienza a mantenerte despierta y a despertarte por la noche. Desde el estrés diario de "hacerlo todo" hasta un estornudo o tos que te hizo saltar de la cama para asegurarte de que tus hijos estuvieran bien, puede que no duermas nada y esto comience a afectar tu crianza.

El sueño es esencial para todo lo que hacemos, así que necesitas algunas soluciones, y rápido. Además, realmente necesitamos dormir para nuestra salud y bienestar. Necesitamos dar lo mejor de nosotros para hacer malabarismos con todas las necesidades que tienen los hijos todo el día, todos los días.

La falta de sueño no solo pone a las personas en mayor riesgo de sufrir depresión y ansiedad, sino que también puede aumentar sus posibilidades de desarrollar inmunodeficiencia y enfermedades del corazón.

Así que intenta acostarte cuando tus hijos lo hagan. Sí, sé lo valioso que es el tiempo de "mamá". Algunos días, lo anhelas. Pero al tratar de restablecer ese reloj de sueño, acostarte cuando tus hijos lo hacen puede ayudar. Puede tomar un tiempo acostumbrarte, pero es benéfico a largo plazo.

Consigue una máquina de ruido blanco.

Los pequeños ruidos en la noche seguro te levantan y te envían corriendo a ver a tus hijos, y en general, resulta que no es nada. Pero estos pequeños viajes te causarán un sueño muy errático, lo que aumenta tu agotamiento.

Con una máquina de ruido blanco, te darás cuenta de que ya no puedes escuchar las cosas pequeñas. Todavía puedes escuchar si tus hijos gritan, lloran o te necesitan, y puedes escuchar un alboroto en caso de que ocurra, pero ya no saltarás en cada lanzamiento y giro que tengan tus hijos. Tu patrón de sueño será más estable con la máquina. Y algo tan económico como un ventilador ruidoso funcionaría.

. . .

De igual manera, puede que tengas muy poco tiempo libre durante la semana cuando no estés con tus hijos. Por lo general, aprovecharás ese tiempo para trabajar, lavar la ropa, hacer los quehaceres y pagar las cuentas. Sin embargo, aprenderás que una siesta de una hora no solo es beneficiosa para tu sueño sino también para tu salud y felicidad.

Si tus hijos todavía son pequeños, seguramente te costará dormir la siesta cuando están en casa. Pero si puedes programar una pequeña siesta (preferiblemente de 30 o 90 minutos) en los días que no están y posponer las tareas para más tarde, descubrirás que todo en tu día va un poco mejor.

Y sí, apaga el televisor, el teléfono y la tableta. Si tiendes a llevar a tus hijos a la cama y luego ver programas y jugar juegos electrónicos o trabajar hasta altas horas de la madrugada, posiblemente será insoportable apagar todo esto e irte a la cama. Probablemente tomará meses romper el hábito, pero cuando lo hagas, verás que eres mucho más productiva durante el día y estás mucho más relajada con tus hijos.

Necesitas volver a entrenar tu cuerpo para dormir. Cuando te acuestes en la cama, deberías visualizar las diferentes partes de tu cuerpo quedándose dormidas, especialmente cuando no puedas hacer que tu mente deje de hablar.

Empieza con los dedos de los pies y sube por las piernas hasta que finalmente llegues a la cabeza y permitas que tus ojos se cierren. Pensar en dormir te ayudará a conciliar el sueño más rápido, y eso es una gran ventaja para un sueño más saludable.

Dormir parece ser lo primero que las personas ocupadas abandonan cuando necesitan más tiempo, pero dormir es lo único que todos necesitamos obtener más. Se ha demostrado una y otra vez que las mujeres que duermen más son más delgadas, saludables y lucen más jóvenes que aquellas que duermen de forma errática. Para ser una mejor mamá, necesitas cuidarte mejor, y esto empieza con un descanso más consistente y duradero.

6

Ajústate a un horario

Tener un horario fijo y actividades bien definidas para tratar de organizar de la mejor manera tus días es una de las opciones que más te ayudará durante el proceso de adaptarte a la vida de madre soltera. Sin embargo, si no eres una persona regularmente ordenada, puede parecer sumamente complicado.

Claro que siempre está la opción de intentar seguir los consejos básicos que ves en internet, y funcionarán tan bien como se puede esperar…

- Levántate antes que los niños y prepárate antes de que se despierten
- No gastes tiempo viendo pantallas ni aparatos electrónicos por la mañana
- Prepara los almuerzos la noche anterior

- Haz que tus hijos hagan toda su tarea la noche anterior
- Prepara las mudas de ropa la noche anterior
- Los domingos por la noche, pídele a tus hijos que elijan 5 atuendos para usar durante la semana
- Báñense la noche anterior
- Tengan desayunos preparados para toda la semana

… Todas son buenas sugerencias, pero como casi todo lo que encuentras en línea, las madres casadas o las amas de casa son las que dan consejos. Los padres solteros pueden sentirse aislados, solos y abandonados para descubrir cómo hacer que las cosas funcionen por sí mismos.

Las madres solteras no pueden hacer todo (a veces no pueden hacer nada) en las listas estándar que encontramos en Internet y leemos en los libros. Mientras lees este consejo típico, seguramente te das cuenta:

- Tus hijos no están en casa la noche anterior para elegir su ropa para el día siguiente. Están en casa de su papá
- Intentas revisar su tarea la noche anterior, pero llegaron a casa molestos anoche desde la casa del otro padre
- Después de llevar el hogar sin ayuda las 24 horas del día, los 7 días de la semana, no

tienes la energía para preparar una comida, y mucho menos preparar desayunos para toda una semana
- Tus hijos no están contigo los domingos por la noche para prepararte para la semana
- Tus hijos son dejados en tu casa en pijama una hora antes de la escuela
- No puedes soportar la lucha de un baño a la hora de acostarse cuando tus hijos no llegaron a casa sino hasta las 9:00 p.m. desde la casa del otro padre

Mientras tratas frenéticamente de seguir los consejos de las amas de casa bien intencionadas, estás haciendo que tu casa se altere cada vez más. No podríamos estar a la altura de ese ideal. Tampoco se supone que lo hagamos.

Lo que falta es la conciencia que enfrentamos en nuestras luchas únicas. Como madre soltera, siempre debes adaptar las ideas, reglas y sugerencias. Por lo general, de prueba y error. Sin embargo, encontrar una rutina tranquila y feliz con tus hijos es posible.

Pregúntate en qué ámbitos estás dispuesta a ceder. En pocas palabras: eres soltera, no tendrás ayuda en las mañanas (o noches previas) ahora o en el futuro previsible. Así que adapta cada uno de estos consejos a tu propia dinámica.

Por ejemplo, pide que tus hijos lleguen bañados cuando los entregan, opta por recetas rápidas y fáciles de hacer, apóyate en la comunidad que has creado, define algún otro día para elegir la ropa de la semana. Tus mañanas se verán desordenadas, pero no tienen que producir lágrimas.

Tal vez en lugar de agregar elementos a tu rutina matutina como la mayoría de los "consejos de mamá", es mejor restar.

Para ti, la lista puede ser diferente, pero puedes dejar ir, por ejemplo, los almuerzos caseros. Déjalos comer el almuerzo escolar.

¿Tienen la edad suficiente para verter su propia leche? Bien, pueden desayunar cereales. O preparar un sándwich sencillo. Cualquier cosa que puedan hacer (o encontrar), pueden comer. O tal vez puedes comprar bocadillos pre envasados para reducir el estrés y alimentarlos de manera saludable la mayor parte del tiempo (como yogur, frutos secos o palitos de queso).

. . .

Que se pongan lo que quieran. Olvídate de hacer las camas.

Deja de regañar. Esto es lo que estás haciendo al decirle a tus hijos qué hacer en cada paso del camino.

En cambio, haz una lista de verificación simple y usa un cronómetro que puedan ver.

Claro que te gusta el control, pero una vez que aprendas a cederlo en aquellos ámbitos poco relevantes para tu tranquilidad, tú y tu familia se encontrarán en un punto ideal para definir una rutina benéfica para todos.

Primero pregúntate: ¿a qué estás dispuesta a renunciar? Una vez que hayas eliminado lo que puedes dejar ir, es hora de preguntarte qué debe suceder en la mañana para que todos salgan por la puerta a tiempo. ¿Qué es lo más importante que hay que lograr en la mañana? ¿Qué tienen que hacer tus hijos?

Puedes tener una lista de tareas, para la que recomiendo no tener más de 5 artículos. Tu objetivo es que tú y tus hijos estén listos por la mañana sin estrés. Aún mejor, que tú y tus hijos salgan sin lágrimas ni gritos. Y mucho mejor aún, salir sin olvidar nada.

Tu objetivo no es salir de casa y también hacer algunas tareas. Cuando intentas hacerlo todo, estás pidiendo que algo salga mal. Ya estás haciendo cosas increíbles: es una madre soltera que trabaja y sostiene al hogar.

Como madre soltera, tienes que adaptarte, renunciar a algunas cosas para conseguir otras. Decide dejar de hacer 500 cosas por la mañana por la paz con tus hijos. Verás que el llanto y los gritos disminuirán significativamente en las mañanas alrededor de tu casa.

Así que, tener un plan aproximado, incluso si terminas desviándote de él y te parece que tiene muy pocas tareas, es un buen lugar para comenzar. Una gran ayuda son las listas de tareas pendientes porque permiten organizar el pensamiento y priorizar, además de que se siente muy bien poder tachar cosas de la lista, incluso si es solo un viaje a la tintorería.

Los horarios le dan ritmo a tu día y pueden ayudarte a sentir que tienes el control de las cosas, incluso cuando por dentro puedas sentirte un poco fuera de control. Sin mencionar que a los niños les gusta saber qué cosas están sucediendo y cuándo, incluso si son lo suficientemente pequeños como para que la hora del reloj sea irrelevante para su existencia diaria.

Por lo tanto, tratar de tener la cena, la tarea, la hora del baño, la hora de acostarse, cualquier elemento del día que sea básico, en horarios bastante regulares, ayudará a que todos en tu hogar se sientan más conectados a tierra y cómodos.

Y cuando sabes que finalmente puedes sentarte y servir esa copa de vino o tomar ese té de especias de Bengala después de las 9 en punto, sin preocupaciones, créeme, hace que pasar esas últimas horas del día sea mucho más fácil.

7

Administra tu tiempo

INCLUSO EN ESTA era de smartphones, tabletas digitales y todo tipo de aplicaciones de programación útiles y de alta tecnología, te sugiero cargar con una agenda anticuada de papel. Incluye páginas para todos los días de la semana y todos los meses del año, a pesar de la pregunta inevitable: ¿por qué no solo poner citas y fechas límite en tu teléfono?

Un calendario de papel es una representación muy visual y de fácil acceso de tus tareas para cada día, semana y mes.

Permite dividir claramente, codificar por colores y priorizar tu tiempo, y sabrás de un vistazo dónde se supone que debes estar y qué se supone que debes hacer, lo cual es crucial para sobrevivir y hacer todo lo que debes hacer en el día.

Como pueden atestiguar los padres solteros de todo el mundo, el tiempo es el bien más preciado. Y tratar de hacer malabarismos con las demandas del día (trabajo, chofer, limpieza, cocina, ejercicio, identificar las responsabilidades académicas de tus hijos…) puede ser abrumador, agotador y, a veces, completamente frustrante... a menos que, por supuesto, tengas un plan y trucos bien establecidos que funcionen para ti.

Existe una gran variedad de tácticas para administrar el tiempo y, como un aspecto crítico de eso, administrar tu autoestima cuando no siempre logras hacer malabarismos con todo a la perfección. También puedes aprender mucho de otros padres solteros que enfrentaron obstáculos similares mientras criaban a sus hijos sin ayuda.

Mantener el equilibrio comienza con la mentalidad correcta

La realidad es que algunos días, equilibrar las demandas de tu tiempo como madre soltera es desconcertante y desafiante. Y apareces luciendo un poco (o mucho) menos que arreglada. Llegarás tarde, y está bien, o tendrás que comer comida rápida antes de una práctica deportiva, y eso también está bien.

Tu hijo llevará el uniforme equivocado, o se olvidará del violín, o perderá las espinilleras, todo dentro de los 30 minutos de su próxima práctica, y tú sobrevivirás a eso. Permitir que estas cosas se te escapen de los hombros es clave para sobrevivir a la maternidad soltera.

Tu mantra debe ser "no me preocupo por las cosas pequeñas". El estrés puede amplificarse cuando haces esto sola, pero a veces, cuando te estás volviendo loca, tienes que cerrar la puerta de tu habitación y tratar de recordarte lo lejos que has llegado por tu cuenta.

Toma estas palabras en serio. Recuérdalas todos los días.

Escríbelas si es necesario. Te llevarán mucho más lejos que golpearte a ti misma cuando el acto de equilibrio se esté desmoronando y todo sea caos.

La importancia de establecer (y mantener) un horario

. . .

Difícilmente serás la única madre soltera que tendrá un poco de TOC por mantener un horario o una rutina estricta. Todos los días despierta a la misma hora, toma la misma cantidad de tiempo para arreglarte y sal de casa a la misma hora. Incluso mantén un horario en tu teléfono para mantenerte al día. Aunque eso suena intenso, realmente evita que te estreses y te sientas como si estuvieras corriendo como un pollo con la cabeza cortada.

El esfuerzo de tener un horario significa que tú y tus hijos saben exactamente lo que están haciendo cada día, así como lo que harán el próximo fin de semana. Será mucho más fácil para los dos, ya que no perderán el tiempo confundidos acerca de lo que se supone que sucederá, cuándo y a qué hora se supone que deben estar.

Puedes comenzar a usar aplicaciones móviles para ayudarte a realizar un seguimiento de los plazos, los proyectos y la programación de tu trabajo o negocio, y también usarla con tus hijos para mantenerte al día con su apretada agenda y todas las actividades que surgirán durante sus años escolares. Puedes incluso establecer una regla: 'si no está en el cronograma, no va a suceder'.

Hay una manera más eficiente de cocinar

De esto hablaremos más adelante, pero una vez que tengas a los niños cocinando, lo siguiente es cocinar al menos un plato en cantidades lo suficientemente grandes que se puedan congelar y descongelar para almuerzos o cenas rápidas durante la próxima semana.

Si bien es genial si puedes organizarte lo suficiente como para planificar las comidas y organizar tu refrigerador durante la semana con las tareas de cocina adjuntas, ese es un nivel de organización que rara vez se logra.

Muchas veces es preferible el método de planificar libremente algunos platos que se van a cocinar para la semana, junto con un plato tipo cacerola grande que se presta bien para congelar, como berenjena a la parmesana, lasaña, macarrones con queso o musaca, por ejemplo.

El método de planificación flexible te permite tener suficientes ingredientes básicos a mano, pero deja espacio para lo que te apetece comer cierta noche, y también para lo inesperado, como quedarte sin tiempo cuando tienes prisa por llegar a la escuela, a un concierto o práctica de fútbol.

Además, si no tienes una olla de barro, ¡consigue una! Esta es otra herramienta imprescindible para simplificar tu vida como madre soltera. Agrega todos los ingredientes por la mañana y líbrate hasta el final del día, tendrás una deliciosa comida en una sola olla lista para servir. Tu biblioteca local probablemente tendrá muchas opciones de este tipo de recetas para ayudarte a comenzar con este método de cocción súper fácil.

Empodera a tus hijos

Hablemos por un minuto sobre empoderar a sus hijos y cuánto salva vidas con respecto a la gestión del tiempo, ¿de acuerdo? Como madre soltera, descubrirás que tus hijos son más independientes que otros niños de su edad.

¿Por qué? Porque los empoderas para que sean independientes y hacerlo será invaluable.

Es literalmente imposible para ti hacer todo como una sola persona. Tus hijos deben saber a qué hora vestirse y a qué hora saldrán por la mañana, tanto que cuando vayas unos minutos tarde, sean incluso capaces de advertirte.

Tendrás que enseñarles cómo ser más independientes, darte una hora o dos para hacer tus cosas y animarlos a hacer cosas que ellos pudieran hacer por sí mismos. Cuando sean un poco mayores, serán muy considerados y de cualquier manera que vean que necesitas ayuda, sin que lo pidas, te ayudarán.

. . .

Algunos trucos y consejos más

Planificar con anticipación es otra táctica esencial que se recomienda adoptar, ya sea que eso signifique elegir lo que te vas a poner la noche anterior (así como lo que se van a poner tus hijos, como ya lo discutimos) o simples cambios de rutina, como ducharte por la noche en lugar de por la mañana, para que tengas más tiempo en la mañana para realizar otras tareas más urgentes.

Y dado el gran valor de tu tiempo, también se sugiere cuestionar todo lo que tienes en el plato: ¿tus hijos realmente quieren tomar esa lección de instrumento? ¿O lo hacen porque todos los demás lo hacen? ¿Vas a esa cita de juego porque realmente te gusta la gente? ¿O el otro padre te hizo sentir culpable?

Sé dueña de tus reservas de tiempo y energía. No puedes hacer todo o ir a todo, y a veces solo tienes que disculparte con gracia cuando estás demasiado cansada para una cosa más, sin importar el ámbito que sea.

Una discusión sobre la gestión del tiempo podría llenar todo un capítulo de un libro, pero también es importante tener en la mira las pequeñas recompensas por todo lo que haces.

. . .

Una pedicura, una salida nocturna con amigos o un precioso momento de tranquilidad para leer un libro. Todas estas cosas entran en la categoría de autocuidado. Y son esenciales.

Constantemente antepondrás las necesidades de tus hijos a las tuyas. Es natural. Sin embargo, entre equilibrar el trabajo, pagar las facturas, las tareas domésticas y el cuidado de los niños, a menudo descubrirás que, sin darte cuenta, has dejado tus necesidades fundamentales en un segundo plano.

Lo mejor que puedes hacer es implementar un régimen de autocuidado, como definir un horario de gimnasio, comenzar una rutina de meditación, concentrarte en comer sano y dormir lo suficiente... cuidarte a ti misma es una prioridad. Entonces, y solo entonces, puedes presentar lo mejor de ti a los demás, especialmente a tus hijos.

Hay un principio permanente en el momento en el que la azafata te dice que te pongas tu propia máscara primero antes de ayudar a tu hijo. Es decir, obviamente, que no puedes ayudar a nadie más sin ayudarte a ti misma primero. Puedes ser la madre desinteresada y generosa el 98.8 % del tiempo, pero para que ese 98.8 % vuele, tienes que apartar un poco de espacio para respirar, reposar, ser tú misma.

Incluso si es solo una hora por la mañana antes de que los niños se levanten, o por la noche después de que se hayan dormido, guarda este momento como si fueran las Joyas de la Corona capaces de pagar tu deuda y la educación universitaria de tus hijos de una sola vez. Porque realmente podrían.

Hacer tiempo para uno mismo puede significar diferentes cosas para diferentes personas. A veces, poner los pies en alto con una copa de Pinot es todo lo que puedes pedir, pero otras es hacer tiempo para leer, escribir, tocar el piano… cualquiera que sea tu salida creativa, intelectual o atlética.

Claro, hay etapas en la vida de tus hijos cuando simplemente te necesitan y dependen de ti total y completamente. Pero en realidad, una vez que llegan a la edad en que pueden jugar solos sin temor a atragantarse con un lego, y pueden ejercitar un grado de razonamiento y comprensión, hay más que ganar de una madre que modela un comportamiento que no gira alrededor de todas las necesidades y fantasías de su hijo.

. . .

Los niños que aprenden a entretenerse a una edad más temprana tienen más probabilidades de autorregularse a medida que crecen. Así que realmente es una situación en la que todos ganan, ya que habrá momentos en los que tú, como madre, necesitarás poder decir: "voy a estar aquí haciendo 'x' durante los próximos 45 minutos, y estaré ocupada, a menos que haya una emergencia".

La investigación también muestra que los niños que aprenden a autorregularse a una edad temprana pueden retrasar la gratificación a medida que crecen y no necesito insistir sobre la utilidad de esa habilidad en la vida. Hacer tiempo para ti misma, incluso de la manera más pequeña, es meditar durante cinco minutos poco después de despertarte y justo antes de irte a la cama por la noche, por ejemplo.

Meditar no requiere ningún conocimiento de sánscrito o canto, puede ser tan simple como sentarte en un lugar tranquilo, ya sea con los ojos cerrados o mirando por la ventana a la naturaleza y observando tu respiración, los pensamientos que pasan por tu cabeza, el sonido distante de un perro ladrando.

Configura el temporizador de tu teléfono por 5 minutos, así puedes definir un espacio y tiempo y seguir avanzando con tu día después. Te ayuda a conectarte a tierra un poco más antes de enfrentar el caos del día o relajarte antes de dormir.

También, haz tiempo para divertirte con tus hijos. Habrá momentos en los que simplemente necesites dejar de lado los horarios, los platos, las tareas, las citas para jugar e ir y pasar tiempo sola con tus hijos. Al final del día, eso es todo lo que los niños realmente quieren y necesitan: tu atención.

Y es difícil dárselos en su totalidad cuando hay otras noventa y tres cosas que hacer en un día. Así que tómate un tiempo, prioriza actividades o programa una salida en la que dejes atrás todas las distracciones, y simplemente sal a caminar por el bosque, haz un picnic, ve al zoológico o a un museo, solo tú y ellos.

Te garantizo que volverás a llenar toda tu energía con el tiempo que pases en compañía de ellos, hablando de la vida o estimando cuántos sellos postales se necesitarían para rodear el mundo. Ni siquiera tienes que ir a ningún lado. Hagan la pizza del viernes por la noche y la noche de cine: preparen juntos la pizza desde cero.

. . .

Además, no te limites a pensar en lo que crees que sería una actividad "constructiva" o "educativa" para que tú y tus hijos hagan juntos. Conócelo a su nivel y en lugar de intentar por enésima vez arrebatarle el mando de la PS3, siéntate y deja que te rete a una partida de *Battlefield 4*.

Los padres pierden demasiado tiempo lamentando la nostalgia de los años 70, 80, 90, y cuán grandiosa era realmente la vida antes de los teléfonos celulares, los juegos y la era digital. Si bien nuevo no siempre significa mejor, estas son las noticias: los niños que crecen en la era digital necesitan aprender a navegar por ella y los intentos de nosotros para tratar de llevarlos con calzador a una realidad analógica, no tiene sentido y no le hace ningún bien a nadie.

Adopta la tecnología con tus hijos y podrás aprovechar lo mejor que tiene para ofrecer, mientras te ayuda a navegar por su mundo. Si lo hacen juntos, en lugar de luchar continuamente, lo harán más agradable para todos a lo largo del camino.

No hace falta decir que cuidar de ti misma financieramente también es una parte importante de la rutina y las prioridades de cuidado personal de una madre soltera.

Porque cuando el ámbito financiero no está en orden,

puede tener un efecto dominó gravemente dañino, causando estrés con el que caminas día tras día, lo que finalmente afecta tu salud y la forma en que te presentas ante tus hijos.

Cuando no te manejas y atiendes de manera responsable los asuntos financieros, puede afectar la calidad de nuestro tiempo con nuestros hijos. En lugar de estar en paz para disfrutarlos y estar realmente presente, su mente está constantemente en otra parte, preocupándose por el dinero, las facturas y por llegar a fin de mes. Y, en última instancia, todos queremos disfrutar el viaje de ser padres, ¿verdad?

Incluso en medio de toda la locura. (¡Y no olvides no preocuparte por las cosas pequeñas!)

Habiendo ensalzado las virtudes de la estructura y el horario, tu supervivencia como madre soltera también depende de mantenerte flexible. Ser rígida y tratar de cumplir con tu horario cuando surge lo inesperado solo creará más conflictos para ti y tus hijos.

Cualquiera que sea padre ya está familiarizado con la realidad de los ajustes y cambios rápidos cuando a su hijo de 4 años le sale un sarpullido inexplicable o desarrolla una fiebre furiosa de la nada.

Ser madre soltera es un ejercicio continuo de hacer malabares y hacer girar platos, pero me refiero a la flexibilidad en el panorama general.

Hay momentos en los que nos quedamos atrapados en cómo siempre han sido las cosas con nuestros hijos y no reconocemos cuándo lo que funcionó en el pasado ya no funciona, generalmente porque nuestros hijos han superado un enfoque de crianza adecuado para esa edad.

Es fácil perder de vista los cambios por los que está pasando tu hijo cuando lo ves día tras día y, a veces, es necesario dar un paso atrás y aceptar que podría haber llegado a un nuevo nivel y que enviarlo a su habitación para un tiempo fuera a los 12 años, no tiene el mismo efecto que cuando tenía 8 o 9.

Ser flexible también significa admitir, al menos para ti misma (a menos que sea necesario pedir disculpas), que a veces te equivocas y cometes errores. Todos podemos tomar decisiones instintivas basadas en experiencias pasadas o miedos que a veces simplemente no funcionan. Está bien cambiar de rumbo y admitir ante tus hijos y ante ti misma que eres un ser humano y que puedes cambiar de opinión y cometer errores.

Tanto en términos de dejar a tu hijo/a hacer algo que quiere hacer que al principio le dijiste que no. Tal vez él o ella quiere trepar al gran roble en tu patio delantero y ya le has dicho que no tres veces porque todo lo que puedes ver es un costoso viaje a la sala de emergencias que se avecina frente a ti.

Conoces aquel destino en el que no alcanza tu deducible y tienes que pagar $500 por el privilegio de un cabestrillo y una radiografía. Pero luego piensas en todos los árboles que trepaste cuando eras niña y recuperas el sentido y te das cuenta, correctamente, de que los árboles son para trepar, entre otras cosas, y que lo que potencialmente se gana es probablemente más de lo que potencialmente se pierde.

Ahora quieres decir que sí, pero sientes que después de decir que no durante tanto tiempo socavarás tu autoridad y crearás una avalancha de destrucción futura sobre tu cabeza si reviertes tu decisión original. Esto simplemente no es cierto. Eres humana y puedes cambiar de opinión.

. . .

Simplemente dilo: "sabes, lo he pensado un poco más y cambié de opinión". ¡Eso es todo! El mundo no ha terminado y tú procederás quizás con más autoridad en el futuro porque tu pequeño/a se dará cuenta de que eres una persona razonable, capaz de considerar las opciones y, a veces, admitir que ver las cosas a su manera es en realidad la mejor manera.

8

Maneja tus finanzas

Como cabeza de familia, depende de ti asegurarte de que se satisfagan las necesidades de toda tu familia. Para hacer eso, debes ser extremadamente diligente en lo que respecta a los conceptos básicos de administración del dinero. Esto no es algo que sucederá por accidente. En cambio, debes planificarlo y trabajar para lograrlo.

El primer paso es configurar tu "oficina". Reúne todas tus facturas, una calculadora, un lápiz y tu chequera. También te recomendaría que tomes una carpeta vieja que puedas usar para realizar un seguimiento de tus datos financieros y una caja de zapatos para almacenar las facturas pagadas.

Elimina la deuda conjunta

Antes de crear un plan para pagar tu deuda, es importante considerar algunas circunstancias especiales que pueden aplicarse a ti como madre soltera. Digamos que una todavía compartes una tarjeta de crédito con tu ex: idealmente, procedería que tu ex transfiera su parte de los saldos conjuntos a su propia tarjeta de crédito. De esa manera, cada uno está pagando su propia deuda.

No es aconsejable dejar ambos nombres en la cuenta y aceptar pagar parte del monto adeudado. Si has llegado a un acuerdo con tu ex para dividir los pagos de la deuda en las cuentas que incluyen tu nombre, y tu ex no hace un pago, dañarás tu crédito. Si el ex no paga por completo, los acreedores y los cobradores te perseguirán.

Ni siquiera una sentencia de divorcio puede cambiar los términos de un contrato de tarjeta de crédito conjunto. A los ojos del emisor de la tarjeta de crédito, tú eres tan responsable de las cuentas posteriores al divorcio como antes.

Existen ocasiones en las que el decreto de divorcio de una pareja ordena que una persona debe pagar la deuda conjunta de la tarjeta de crédito. Si esa persona no lo hace, siempre se pueden presentar documentos de desacato a la corte en su contra, pero mientras tanto, tu puntaje de crédito se ve afectado.

. . .

En estos casos, lo que se sugiere es pagar la deuda para salvar tu crédito. Si no puedes pagar la deuda, al menos puedes hacer pagos mínimos para mantener un historial de pago positivo en tu informe crediticio.

Y acerca de otras cuentas, como servicios públicos y teléfonos celulares, lo más seguro que puedes hacer, si tienes un servicio a nombre de tu ex, es cerrar la cuenta y restablecer el servicio a tu nombre.

Encuentra dinero para pagar la deuda

Otra cosa que tienes que hacer antes de crear un plan para pagar tu deuda existente es encontrar dinero en tu presupuesto cada mes. Simplemente siendo más intencional sobre el gasto y el presupuesto, la persona promedio podría descubrir fácilmente 250 dólares adicionales al mes, y probablemente mucho más.

Las 5 áreas principales que las personas deberían considerar primero cuando intentan reducir sus gastos son: gasto en alimentos (tanto comestibles como salir a comer), gastos relacionados con la televisión (servicios de cable/satélite, sin duda, pero también suscripciones y alquileres de películas), servicios telefónicos (particularmente extras como llamada en espera, identificador de llamadas, larga distancia y teléfonos celulares), primas de seguro y gastos varios (todas esas pequeñas cantidades gastadas en café, bocadillos de máquinas expendedoras y otras indulgencias).

Para las madres que buscan estirar su presupuesto de manutención infantil, la creatividad es la clave. Una opción son las tiendas de segunda mano para comprar la ropa de tus hijos en lugar de las tiendas departamentales; inscribirlos en parques y actividades recreativas en lugar de actividades privadas (que siempre costarán más), y no sentir que tienes que compensar el hecho de ser una madre soltera comprándoles cosas adicionales: es a ti lo que necesitan, no cosas.

Paga tu deuda

El siguiente paso es crear un cronograma para pagar tu deuda: paga primero las deudas que te cobran el interés más alto, ya que pedir prestado a esos acreedores te está costando más dinero. Concéntrate en pagar las deudas de alto costo lo antes posible.

. . .

Las deudas con tasas de interés más altas cuestan más dinero, especialmente cuando esas deudas tienen saldos altos. Así que ahorrarás dinero en cargos por intereses cuando pagues primero esas deudas con tasas de interés altas.

Sin embargo, hay excepciones a esta regla general. Si es probable que te desanimes porque te llevará mucho tiempo pagar esa deuda con una tasa de interés alta, puedes comenzar con la deuda con el saldo más bajo. Saldar algunas deudas pequeñas te motivará a seguir adelante.

Trata de pagar más que el pago mínimo sugerido para pagar tus deudas lo más rápido posible, si es que está dentro de tu capacidad financiera. Puedes seguir esta línea de acción:

1. Elige una deuda en la que centrarte.
2. Aumenta el pago de esa deuda tanto como puedas.
3. Una vez que hayas pagado esa deuda, mueve todo lo que estás pagando a la siguiente deuda que deseas pagar. ¡Te sorprenderás de lo rápido que puedes salir de deudas con este plan!
4. Mientras tanto, sigue pagando el saldo mínimo adeudado de todas tus otras deudas.

Registra lo que tienes la intención de pagar por cada deuda.

Presupuesta tus gastos mensuales

Utiliza un presupuesto para realizar un seguimiento de tus gastos mensuales. Ahora que sabes cuál es tu posición financiera y has creado un plan para pagar tus deudas, es hora de asegurarte de que estás haciendo los demás ajustes necesarios para que puedas mantenerte al día con tu plan. Y esto significa crear un presupuesto.

Sé que esto puede ser intimidante, pero voy a hacerte una sugerencia: regístrate en programas como Mint.com. Es un programa de software financiero gratuito disponible en Internet, y básicamente hará tu presupuesto por ti.

Ese tipo de softwares crearán un gráfico circular visual que muestre cuánto gastas cada mes en vivienda, gasolina, comida, entretenimiento y más. De esta manera, si resulta que estás gastando mucho más en comida de lo que realmente deberías, puedes comenzar a hacer los ajustes necesarios para tener tus gastos bajo control.

. . .

Si prefieres crear tu presupuesto de la manera tradicional, asignando una cierta cantidad de dinero a cada categoría de gasto, existen calculadoras de presupuesto en línea que puedes usar, que incluyen incluso categorías para manutención infantil y otros detalles específicos de tu vida como madre soltera.

Finalmente, al observar a dónde va realmente tu dinero cada mes, es importante saber aproximadamente cuánto dinero "deberías" gastar en cada categoría. En términos generales, tu ingreso disponible neto (después de impuestos) debe asignarse de la siguiente manera*:

- Vivienda: 30%
- Alimentos: 12%
- Automóvil: 12%
- Seguro: 5%
- Deuda: 5%
- Entretenimiento: 7%
- Ropa: 6%
- Ahorro: 5%
- Médico/Odontología: 4%
- Varios: 4%
- Cuidado de niños: 5%
- Inversiones: 5%

Establecer metas financieras

. . .

Ahora que has elaborado un plan para pagar tu deuda y has creado un presupuesto, es hora de determinar tus necesidades para seguir adelante. Específicamente, como madre soltera, debes hacerte algunas preguntas, tales como:

- ¿Necesitas solicitar la manutención de los hijos?
- ¿Necesitas conseguir un trabajo mejor pagado?
- ¿Es hora de pensar en volver a la escuela?
- ¿Necesitas considerar mudarte a una casa de alquiler que reduciría tus pagos mensuales generales?
- ¿Hay alternativas, como aceptar otro trabajo o dividir los gastos con otra familia monoparental, que debas considerar en este momento?

Una de las cosas que quiero que sepas es que la pelota está en tu cancha. Tú determinas a dónde va esto de aquí en adelante. Pero desafortunadamente, no puedes hacer eso si ignoras tu salud financiera, ¿verdad?

. . .

Entonces, el hecho de que hayas llegado tan lejos en el proceso de controlar tus finanzas me dice que estás decidida a hacer los cambios que necesitas para asegurar el futuro de tu familia. Así que adelante, hazte estas preguntas.

Gran parte de la crianza monoparental consiste en aprender a lidiar con los golpes y ser creativa frente a la adversidad.

Si, de hecho, necesitas hacer algunos cambios bastante importantes, ahora es el momento de hacerlo. No incurras en más deudas. Sé ingeniosa, haz un seguimiento y haz lo que tengas que hacer para cambiar tu situación financiera.

Aumenta tu valor neto

El siguiente paso es determinar tu valor neto y comenzar a aumentarlo. Determina tu patrimonio neto, que es lo que posees menos lo que debes. Programas como Mint.com, Quicken y Microsoft Money calcularán tu valor neto automáticamente.

. . .

También puedes determinar tu valor neto simplemente sumando todo lo que posees, incluidas todas tus inversiones, el capital que hayas pagado en tu casa, el valor de tu automóvil y cualquier otro activo que poseas; y restando lo que debes en las deudas restantes.

Configurar una cuenta de ahorros: una vez que sepas cuál es tu posición, estarás lista para abrir una cuenta de ahorros. Puedes hacerlo a través de tu banco habitual o comenzar a invertir en un fondo mutuo que pague intereses. Incluso si solo puedes permitirte apartar $25 o $50 por mes, comenzará a acumularse.

Antes de que te des cuenta, tendrás un plan de ahorro de emergencia para protegerte en caso de que tu automóvil se averíe o tu casa necesite una reparación importante.

Además, estos ahorros regulares te ayudarán a aumentar tu valor neto con el tiempo.

Ahorra aún más

Desafortunadamente, todo el trabajo que ya has realizado en los pasos anteriores tendrá poco valor duradero si no cambias tu actitud hacia el dinero. Ahora es el momento de volverte aún más ahorrativa y aprender a vivir dentro de tus posibilidades.

Deja de imaginarte que más dinero va a entrar mañana, a través de finalmente cobrar la manutención de niños no pagada, ganar la lotería u obtener un ascenso. Si esas cosas pasan, ¡genial! Estarás aún mejor. Pero vivir como si fueran a suceder te hace gastar dinero que no tienes.

En cambio, oblígate a hacer compras solo con efectivo. No continúes pagando intereses escandalosos en tarjetas de crédito por compras que no necesitas en absoluto. Puedes arreglártelas sin esos muebles nuevos, ¿verdad? ¿Qué más podrías omitir, con el fin de gastar solo lo que tienes ahora en el banco?

Prueba estas ideas:

- Busca bien antes de realizar otra compra importante. ¡Alguien más puede estar regalando lo mismo que te gustaría comprar!
- Cuando te estés preparando para comprar algo específico, búscalo primero en eBay. Puedes comprar mucha ropa, por ejemplo, nueva con etiquetas, a través de subastas en línea.

- Olvídate de tratar de mantenerte al día con familias más "influyentes". Ya conoces tu valor; no te dejes atrapar tratando de "probar" tu valía a los demás teniendo la casa, el automóvil o la apariencia "perfectos".
- No uses las compras, nunca, para apaciguar tus emociones.
- Finalmente, cuando vayas a hacer una gran compra, da un paso atrás y tómate unos días, o incluso una semana para pensar en ello. No hay razón para sufrir por el remordimiento del comprador y tratar de justificar compras que realmente no puedes pagar. Piénsalo bien y haz esas compras, cuando sea necesario, en efectivo o con tu tarjeta de débito.

Programa tu propio registro financiero semanal

Programa un chequeo financiero una vez por semana.

Toma tu calendario y programa una reunión de actualización financiera semanal contigo misma. Este es un paso extremadamente importante en el manejo de tus finanzas personales, y es uno que necesitas continuar todas y cada una de las semanas.

· · ·

Durante tu tiempo de "reunión", paga las facturas que vencen. Si ha llegado tu extracto bancario, tómate el tiempo para cuadrar tu chequera y consulta los saldos de tus cuentas corrientes y de ahorro. Actualiza tu lista de deudas para incorporar cualquier pago reciente.

Este también es un buen momento para escribir tu lista de compras y revisar lo que está en oferta en tu supermercado local esta semana (ya sea utilizando el sitio web de la tienda o la circular de ventas que aparece en el periódico). Finalmente, también toma nota de cualquier gasto próximo que necesites anticipar y planificar.

Automatizar tu vida financiera tanto como sea humanamente posible es fundamental para tu cordura.

¿Quién puede recordar cuándo vence cada factura cuando ya está recordando otras 17 cosas por día, además de satisfacer las necesidades de todos, tratando de satisfacer las propias y manteniendo el flujo de ingresos en su hogar?

Desafortunadamente, no todos los empleadores, especialmente si eres una trabajadora independiente, ofrecen la opción de depósito directo, pero esta es una ventaja maravillosa si puedes aprovecharla. Al programar tus pagos de facturas en línea cuando sabes que tendrás los fondos en el banco, y al mismo tiempo cada mes, te quitarás una gran carga de encima y dejarás tiempo para los aspectos más interesantes e importantes de la vida.

Por supuesto, si tienes los conocimientos técnicos y la experiencia suficientes para utilizar cualquiera de los programas de planificación financiera disponibles en el mercado, puede resultarte útil. Podrías descubrir que tu portal de banca en línea ofrece un servicio gratuito de administración de dinero y que solo necesitas inscribirte en él.

Seguramente incluirá un calendario fácil de consultar con todos tus débitos directos y depósitos regulares, una calculadora de ahorros y una vista instantánea de adónde va tu dinero cada mes recopilado del uso de tu tarjeta de débito, que puedes usar para casi todos los pagos. Esta es una herramienta útil y aleccionadora cuando te preguntas al final del mes por qué el presupuesto de la hoja de cálculo que creaste simplemente no parece estar de acuerdo con el efectivo en el banco.

La deuda personal no garantizada puede ser una forma de vida de facto para todos, solteros o no, pero la verdad es dura: los hogares de un solo ingreso son difíciles de administrar. Cuando te encuentras con demasiadas deudas para manejar, hay una serie de cosas que puedes hacer y lugares a los que puedes acudir en busca de ayuda. Pero lo primero que debes hacer es a) tratar de no entrar en pánico, b) detenerte y admitir que es un problema que debe abordarse, c) no castigarte por eso y, finalmente, d) cortar tus tarjetas de crédito – ¡ahora!

9

Disminuye el estrés

La crianza monoparental se ha vuelto cada vez más común a medida que más madres solteras, padres, abuelos y otros cuidadores crían niños sin una pareja. Según una encuesta del Pew Research Center, casi una cuarta parte de todos los niños menores de 18 años en los EE.UU. viven en un hogar monoparental. Los padres solteros a menudo enfrentan tensiones únicas, que a menudo pueden contribuir a sentimientos de agotamiento.

Hay algunas cosas que las madres solteras pueden hacer para ayudar a controlar su estrés y evitar el agotamiento. Para empezar, es importante hacer tiempo para ti misma. Esto puede incluir tomar descansos a lo largo del día, programar salidas o actividades regulares solo para ti, o reservar algo de tiempo para ti si es posible.

. . .

Los padres solteros tienen todas las ansiedades de crianza normales que enfrentan todos los padres. "¿Mi hijo se está desarrollando normalmente? ¿Tienen suficientes amigos en la escuela? ¿Están comiendo lo suficientemente saludable?

¿Están pasando demasiado tiempo frente a la pantalla?"

Lo que hace que estas ansiedades sean aún más estresantes es que los padres solteros a menudo tienen que soportar la carga de tomar decisiones de crianza difíciles por su cuenta, sin un apoyo que esté directamente involucrado en la crianza.

Los padres solteros tienen que hacer malabarismos con múltiples roles junto con otros desafíos como arreglos de custodia compartida, preocupaciones financieras y relaciones familiares complejas. Otras tensiones con las que deben lidiar los padres solteros incluyen, por ejemplo, la falta de apoyo social.

Las madres solteras a menudo pueden sentirse aisladas, especialmente si dedican gran parte de su tiempo al cuidado de los niños y tienen poco tiempo para interactuar con otros adultos. Tales sentimientos pueden contribuir a la soledad y la depresión.

. . .

También, un reto son los arreglos de custodia compartida.

Cuando los padres solteros tienen que compartir la custodia de sus hijos, puede ser difícil administrar el tiempo y las responsabilidades de crianza compartida.

Además, en los casos en que un padre tiene la custodia total o no hay otra persona a cargo de la crianza, los padres solteros a menudo tienen la responsabilidad total de criar a sus hijos. Además de enfrentar los desafíos de criar hijos solos, a menudo enfrentan otros problemas personales que deben enfrentar sin el apoyo de una pareja.

Y sí, también a menudo son responsables de las finanzas del hogar sin las contribuciones de un compañero. Si bien algunos padres solteros pueden recibir manutención infantil, otros pueden sentir las presiones financieras asociadas con vivir con un solo ingreso.

La investigación ha encontrado que las madres solteras tienden a tener un mayor riesgo de experimentar dificultades financieras, lo que puede tener un impacto negativo en el bienestar psicológico. Aumenta el riesgo de aislamiento, ansiedad y depresión.

El divorcio, la separación y el duelo ya son estresantes por sí solos. Ser madre soltera mientras atraviesas este tipo de cambio de vida puede agravar aún más el estrés, y si no eres capaz de hacer frente al estrés causado por la crianza monoparental, corres el riesgo de experimentar agotamiento.

Esta es una condición común entre los padres solteros que a menudo puede conducir a un aumento de la ansiedad, la depresión y los problemas de salud física. Los padres que experimentan agotamiento también pueden tener problemas con la soledad o problemas de relación.

La crianza monoparental implica todo el estrés que enfrentan otros padres, pero con los desafíos adicionales de hacer frente a la custodia compartida, el apoyo social deficiente y la tensión financiera, entre otras cosas.

El estrés puede ser motivador a veces, pero si no se controla, puede volverse crónico y perjudicial para tu bienestar.

. . .

También puede tener un impacto negativo en tu salud física y emocional. Los efectos del estrés son diferentes para todos, pero existen algunos problemas comunes que pueden enfrentar muchos padres solteros.

Algunos de los efectos del estrés en la salud física y emocional que podrías experimentar incluyen:

- Irritabilidad, ansiedad o depresión
- Disminución de la función inmunológica y posterior desarrollo de enfermedades frecuentes
- Baja motivación y creatividad
- Disminución de la energía y la productividad
- Síntomas físicos como dolores de cabeza, tensión muscular, dolores y molestias físicas y mareos
- Problemas gastrointestinales y digestivos
- Problemas para dormir
- Cambios en el estado de ánimo o el apetito

Cuando el impacto del estrés crónico se combina con otros factores de riesgo como el tabaquismo o el consumo de alcohol, puedes aumentar la probabilidad de desarrollar problemas de salud. Los estudios sugieren que el mayor estrés que experimentan las madres solteras, por ejemplo, podría estar relacionado con un comportamiento poco saludable, como un mayor riesgo de fumar.

Algunos de los principales problemas de salud relacionados con el estrés son la diabetes, las enfermedades cardíacas, la obesidad, las úlceras, el hipotiroidismo y la disfunción sexual.

La investigación también sugiere que el estrés de los padres puede tener un impacto en la salud mental de los niños. Un estudio publicado en el *Journal of Affective Disorders* encontró que la depresión materna causada por el estrés de los padres aumentaba el riesgo de que un niño desarrollara síntomas de ansiedad y depresión.

No siempre es fácil reconocer cuando se está experimentando estrés. Es importante aprender cómo el estrés afecta la salud y el bienestar en tu vida para poder tomar medidas efectivas que ayuden a mitigar sus efectos.

Cuando ser madre soltera hace que te sientas abrumada por las presiones de cuidar a los niños y administrar un hogar, es importante buscar apoyo. Así que intenta implementar alguno de los siguientes consejos, incluso si en este momento no sientes ninguna molestia, pues actuar en etapas tempranas puede ser vital.

. . .

Haz tiempo para ti

Como madre soltera, debes tratar de reservar algo de tiempo, incluso si son breves períodos de descanso aquí y allá, para hacer algo que realmente disfrutes, como leer un libro, hacer ejercicio o visitar amigos.

Dicho esto, encontrar tiempo para ti misma cuando estás criando niños sola no siempre es fácil. Puedes pedirle a un amigo o familiar que cuide a los niños mientras te tomas un descanso, o dejar que los niños disfruten de una película mientras tú te relajas con un libro. Haz lo que funcione para tu familia y tu situación específica.

Olvida la culpa

Trata de no sentirte culpable por quitarle tiempo a tus hijos. Para los padres solteros que luchan con su salud mental, encontrar actividades divertidas y relajantes que se centren en las cosas que disfrutan puede ayudarlos a sentirse equilibrados y satisfechos fuera de su papel como padres.

. . .

No pienses en estas actividades como indulgencias que te quitan tiempo de calidad para compartir con tus hijos. Tu salud mental también afecta la salud mental de tus hijos. Proteger tu bienestar también es importante para el bienestar de tu hijo.

Mantén una perspectiva positiva

El diálogo interno negativo puede tener un impacto perjudicial en tu confianza como madre y socavar tu bienestar mental.

Según la investigación, los padres ansiosos tienden a prestar más atención a las amenazas y la información negativa. Esta ansiedad y negatividad pueden luego extenderse a tus interacciones con tus hijos.

Haz un esfuerzo por evitar la negatividad, ya sea que provenga de ti misma o de influencias externas, conviértete en una optimista desenfrenada, ya no es ningún secreto que el optimismo es bueno para la salud. Investigadores de la Escuela de Medicina Mount Sinai incluso han descubierto que ver el lado positivo de las cosas tiene efectos restauradores a largo plazo y que las personas resilientes superan las dificultades de la vida mejor que los pesimistas.

. . .

Un estudio a largo plazo de veteranos de Vietnam que estuvieron cautivos en confinamiento solitario y torturados durante seis a ocho años reveló varios rasgos que parecían diferenciarlos en términos de supervivencia y no desarrollo del síndrome de estrés postraumático: optimismo, altruismo, sentido del humor y tener algo por lo que vivir.

Todos estos rasgos son los que tú, como madre soltera, sobreviviendo a circunstancias mucho menos extremas, me atrevería a decir, necesitas tener en abundancia, y por defecto, ya las tienes, nacieron contigo y de ti.

El Dr. Dennis Charney, el mismo experto e investigador líder en resiliencia que realizó el estudio Vietnam Vet, también descubrió que los niños, en particular, muestran una notable capacidad de recuperación cuando se enfrentan a fuentes de estrés en su entorno.

Después de años de investigación, es un gran creyente en el hecho de que los niños resilientes hacen adultos resilientes y asegura que esto tiene implicaciones sobre cómo debería ser el criar a los hijos. Para Charney, si creces en un ambiente libre de estrés, no estás preparado para el estrés y las tensiones inevitables que presenta la vida.

. . .

Todo el mundo sufre la pérdida de seres queridos. Todo el mundo se enfrenta a una enfermedad médica y se encuentra con la decepción. El punto es que tienes que estar preparado/a. Charney asegura que ha hecho esto con sus propios hijos, pues es necesario sacarlos de su zona de confianza.

Les plantea desafíos que pueden manejar y, por lo tanto, aprender de ellos. Y desarrollan una caja de herramientas psicológica a la que pueden recurrir cuando se enfrentan a algo difícil. El punto principal aquí es que no tienes nada que perder y mucho que ganar al hacer que el optimismo sea tu configuración predeterminada.

Si te enfocas en los aspectos negativos y difíciles de tu vida, y en "lo que podría haber sido", eso es lo que ves. Si en lugar de eso eliges enfocarte en lo que tienes, por lo que estás agradecida y creyendo que en la mayoría de las circunstancias de la vida las cosas tienen una forma de funcionar de la mejor manera, no solo serás más feliz, sino que crearás una vida más tranquila y más equilibrada en un ambiente positivo para que tus hijos no solo sobrevivan, sino que prosperen.

Construye tu sistema de apoyo

. . .

Los padres solteros pueden construir una red de apoyo social comunicándose con amigos, familiares o grupos en línea. Puede ser útil tener personas con quienes hablar que entiendan los desafíos únicos de ser un padre soltero.

También puedes buscar en los sitios de redes sociales grupos y páginas dedicadas a la crianza monoparental. Puede ser una excelente manera de conectarte con otras personas que han pasado por experiencias similares a las suyas, pero ya lo sabes, protege tus datos personales.

Establece límites

Es importante que los padres solteros establezcan límites sobre lo que pueden y no pueden aceptar. No permitas que otras personas se aprovechen de tu tiempo o energía. Las madres solteras a veces están sujetas a un mayor juicio con respecto a sus elecciones y decisiones de crianza, por lo que es importante dejar en claro a los demás que no agradeces ni aceptas tal escrutinio.

Establecer límites para ti misma te ayudará a administrar tu tiempo y energía para que no te sientas abrumada con lo que enfrentarás en tu día a día. También te ayudará a encontrar más equilibrio en tu vida.

. . .

Para evitar experimentar el agotamiento como madre soltera, es importante encontrar formas de manejar el estrés. Encontrar tiempo para ti misma, evitar la negatividad, establecer límites y tener un sistema de apoyo son solo algunas de las estrategias que pueden ayudarte a sobrellevar la situación.

- Estrategias de manejo del estrés

Las técnicas de manejo del estrés pueden ser útiles para los padres solteros que enfrentan sentimientos de estrés y ansiedad. Además de las estrategias de relajación, es fundamental practicar un buen autocuidado y cuidar tu salud mental.

Haz elecciones de estilo de vida saludable

Debido al estrés que enfrentas como madre soltera, a menudo es fácil pasar por alto tus propias necesidades de salud. Los padres solteros deben hacer todo lo posible por comer bien, mantenerse activos y dormir lo suficiente. Cumplir con los hábitos saludables puede garantizar que te estés cuidando incluso cuando las cosas se ponen agitadas.

. . .

Crea una rutina de relajación

También puede ser útil incorporar técnicas de relajación efectivas en tu rutina diaria. Cuando te encuentres estresada por los desafíos diarios de la crianza de los hijos, puedes recurrir a estas estrategias para relajarte y controlar la presión:

- Respiración profunda
- Visualización e imágenes guiadas
- Meditación
- Atención plena
- Relajación muscular progresiva
- Yoga

Cuida tu salud mental

El aumento de los niveles de estrés puede significar que es más probable que experimentes ansiedad, depresión y otros problemas de salud mental. Si tienes dificultades, considera hablar con un profesional de salud mental para obtener ayuda. Hay muchos recursos disponibles para padres solteros, incluidos asesoramiento, grupos de terapia y medicamentos si es necesario.

. . .

Los desafíos de la crianza monoparental pueden ser estresantes, pero con planificación, apoyo y estrategias efectivas de manejo del estrés, puedes asegurarte de tener lo que necesitas para prosperar. La crianza monoparental puede ser difícil, pero con las herramientas y estrategias adecuadas, puedes controlar el estrés y evitar el agotamiento.

10

Está bien tener citas (y está bien no tenerlas)

Esto, por supuesto, va de la mano con hacer tiempo para ti, pero cuando estés lista y tengas esa dinámica de cuidado de niños en funcionamiento, sal y ten algunas citas. Parece una tontería repasar los conceptos básicos de las citas, pues en este momento ya se ha entretejido el hilo de tu vida, o así lo parece. Y aún más, para los recién solteros que se casaron antes de que las citas en línea fueran realmente un elemento fijo, todavía puede parecer un poco extraño y, francamente, dudoso.

Pero cuando tu sobrina de 20 y tantos años conoce a sus novios de forma rutinaria a través de sitios o aplicaciones de citas en línea, te das cuenta de que hemos llegado a un punto muerto en el que esto se ha convertido en el medio esperado y predominante para la participación romántica para todas las edades.

. . .

Habiendo dicho eso, un espacio de convivencia virtual no es mucho mejor que uno real, aunque ir a un bar o club para conocer a alguien puede sentirse pasado de moda y sin sentido en el siglo XXI. El mayor temor sobre las citas en línea para algunas personas es el dicho a menudo de "¿Cómo sabes que alguien es quien dice ser?" Adivina qué: ¡eso también sucede en las interacciones tridimensionales tradicionales!

El punto es que descubras algunos detalles básicos sobre ellos, los filtres a través de algunos intercambios de correo electrónico, tengas una conversación telefónica y, créeme, si tienes la mente sana y el instinto, podrás saber si a) vale la pena y b) es seguro reunirte con ellos para tomar un café.

Examinar perfiles y responder correos electrónicos puede comenzar a parecer un trabajo monumental que rápidamente pierde el aire recién acuñado de escalofrío cuando te unes por primera vez a un sitio. Tengo noticias para ti: es un trabajo y todo está en los números. Simplemente tienes que hacer girar la rueda de la ruleta suficientes veces, tomar suficientes tazas de café o copas de vino, antes de que el saldo de las estadísticas se incline en tu dirección.

. . .

De acuerdo, tengo una amiga que superó todos los pronósticos y conoció a su compañero de vida después de su primera cita por Internet, así que suceden cosas raras.

Pero ella es una anomalía molesta y no hablaremos de ella porque su experiencia ciertamente no es la norma.

Otro punto a tener en cuenta aquí que es importante, no seas demasiado rígida al descartar a las personas basándote únicamente en su apariencia o en una lista predeterminada de cuáles deben ser sus características. Lo más importante realmente es asegurarte de que te sientas cómoda reuniéndote y creas que podrías tener suficiente de qué hablar durante una hora con un café.

¿Cómo determinas estas cosas antes de ir a una cita?

Intercambia suficientes correos electrónicos o mensajes con ellos para tener una idea básica de quiénes son y cómo se comportan al conocer a alguien nuevo a través de la comunicación escrita de ida y vuelta. Te sorprendería lo que puedes saber sobre una persona a partir de su capacidad, o falta de ella, para escribir un mensaje sencillo.

. . .

Es posible un medio feliz entre los extremos que puedes llegar a experimentar, yendo desde "¿te apetece un vodka y un porro?" a "tu perfil se lee bien. Busco una mujer feliz con quien pasar el resto de mi vida". No necesito señalar la abundancia de banderas rojas en cada enfoque.

De verdad, si el primer acercamiento de un chico a ti en línea es "oye, linda dama, ¿quieres chatear?" puedes estar razonablemente segura de que él no está interesado en realmente llegar a conocer tu interior. Si lo que tú buscas son encuentros casuales, por supuesto, adelante. Encontrarás esto abundantemente. Pero es probable que un tipo que busca más o menos lo mismo que tú, al menos un poco de compañía y explorando la posibilidad de más, tenga un enfoque más cauteloso y gradual.

Aunque la mayoría de nosotros probablemente preferiríamos conocer gente a través del trabajo o presentaciones personales, también podríamos preocuparnos por calificar para el seguro social mientras esperamos que eso suceda. En estos casos, las citas en línea pueden ser al menos un sustituto pobre de un primo que te presenta a alguien, y mejor aún, un camino hacia el amor verdadero; además de que pueden darle un poco de impulso a tu ego (¡o cuidado, desinflarlo por completo!) en el proceso.

. . .

Siempre puedes probar un truco bajo el que la madre de una amiga promete que conoció a su segundo esposo: encuentra un hombre atractivo en el supermercado, investiga la situación del anillo de bodas, si no hay ninguno, intercambia carritos accidentalmente con ellos hasta que tengan que hablarte para recuperar el suyo. ¡Vaya! Se produce la charla.

El futuro esposo de la madre de mi amiga la siguió hasta el estacionamiento y le pidió su número. Ella objetó darle su número a un 'extraño' pero lo invitó a su grupo social en la sinagoga ese fin de semana. Él asistió y eso fue todo.

Entonces, después de haberte animado a decirte que está perfectamente bien comenzar a tener citas y que es una forma completamente saludable de cuidarte y seguir adelante con tu vida, también está muy bien decir: 'Meh... no, gracias. Mi plato está lleno de niños, trabajo, amigos, etc., en este momento".

No sucumbas a la presión social tonta de tus amigos o familiares que dicen que tienes que "volver a salir". La verdad es que las citas también requieren un poco de trabajo, especialmente en la variedad en línea, ya que puede llevar mucho tiempo y, a veces, desmoralizarte, revisando interminables perfiles y correos electrónicos.

Un viaje al dentista puede ser más atractivo a veces. Y oye, si tu dentista resulta ser lindo, ¿por qué no?

Sabrás cuándo estás lista y no hay un marco de tiempo adecuado sobre cuándo deberías estarlo. Escucha tu instinto.

Si conoces a alguien nuevo y él realmente te gusta (o ella) y todo va a la perfección, ten cuidado al presentárselo a tus hijos, sin importar la edad que tengan.

Si tus hijos son pequeños y no se han acostumbrado aún al divorcio o a la separación, o no lo han entendido, pueden encariñarse rápidamente con el nuevo o la nueva amiga de mamá; también pueden ponerse celosos. Y en los primeros días de salir con alguien nuevo, todavía hay muchas incógnitas en tu propia relación.

Hazles un favor a tus hijos y espera hasta que sepas si la relación tiene piernas y parece que va a durar un tiempo, antes de introducirlos en tu vida con tus hijos. Por supuesto, nunca hay garantías en la vida o en las relaciones, como sabemos, pero un poco de precaución en este departamento probablemente sea mejor que nada en absoluto.

. . .

Salir con alguien es... una aventura, y una que evoca muchos sentimientos a medida que te expones con valentía: esperanza, júbilo, decepción, ansiedad, frustración, pasión.

Si te encuentras mejor después de un divorcio, o has estado soltera, pero estás de vuelta en las aplicaciones por primera vez en mucho tiempo, esta montaña rusa emocional definitivamente incluye algunos giros y vueltas adicionales cuando eres mamá.

Ahora, cuando empieces a tener citas como madre soltera, hay algunas cosas que deberías tener en cuenta.

La primera es, como ya lo sabes, que no empieces a hacerlo hasta que estés completamente lista.

Las citas, y la posibilidad de rechazo que conlleva, pueden poner a prueba incluso a aquellos con una autoestima inquebrantable. Entonces, antes de publicar un perfil o decir que sí a esa cita para tomar un café, espera hasta que estés segura de que eres lo suficientemente fuerte como para manejar los contratiempos, que te dejen de contestar, y otros comportamientos potencialmente malos.

. . .

Esto es especialmente importante cuando recientemente has realizado una transición importante, como un divorcio o una gran mudanza. Querrás asegurarte de estar completamente curada de tu ruptura y que cualquier decisión que tomes provendrá de un lugar de amor propio. No lo hagas hasta que tanto tú como tus hijos estén en una posición tranquila de su vida.

Una vez que te decidas, trata de desconectarte de cualquier culpa, si la sientes. Si bien tus hijos siempre estarán en la parte superior de tu lista, no debes sentirte mal por querer una vida personal adulta propia. Incluso, tratar de encontrar el romance puede beneficiar a tus hijos a largo plazo.

Los niños necesitan un modelo a seguir en una relación saludable. Hay presión para que las mamás nazcan vírgenes y sacrifiquen todo por sus hijos. Si bien esto puede sonar noble, los niños aprenden mucho mediante la observación y no les enseña cómo es una buena relación, o una vida amorosa.

El objetivo nunca será que tus hijos, cuando crezcan, decidan quedarse en casa porque les preocupa que te sientas sola. Es importante que los niños no se sientan responsables de la vida social de su mamá. Además, salir de vez en cuando sin niños te dará más paciencia con ellos cuando estén juntos en casa.

. . .

Sé lo más honesta posible con tus hijos sobre el hecho de que estás saliendo... cuando sea el momento adecuado. Como bien sabes, los niños son un grupo curioso. Dependiendo de su edad, actuar en secreto solo puede generar más preguntas. No hay razón para ocultar el hecho de que has decidido comenzar a salir con alguien.

Sé sincera, y considera usar esta sinceridad como un momento de enseñanza con niños mayores. Cuando llegue a un punto en el que veas a alguien especial, aprovecha la oportunidad con tus hijos para hablar sobre las cualidades y características de esa persona especial y por qué son esenciales para ti.

Tus hijos necesitan verte divirtiéndote, saliendo y creando una nueva vida, siempre y cuando entiendan que tienen un lugar seguro y protegido y deben buscar eso también. Desde una edad temprana, es mejor que tus hijos sepan si vas a tener una cita y si volverás a tenerla o no.

Dicho esto, tú conoces a tus hijos, tu relación con su otro padre (si tienen uno) y sus circunstancias mejor que nadie. Si inicialmente decirles que vas a tu club de lectura se siente más seguro, entonces mamá sabe mejor.

. . .

Y, lamentablemente, prepárate para un juicio que no mereces. La "vergüenza" de ser madre soltera, los comentarios críticos y francamente groseros que la gente hace sobre los fracasos de crianza percibidos de una madre, es demasiado rampante, y las personas pueden ofrecer pensamientos no solicitados sobre tu nueva vida amorosa.

El juicio puede provenir de familiares o amigos que tienen sus propias opiniones sobre cuán apropiado es para una madre soltera tener citas. Esto tómalo con pinzas y confía en tus instintos, sin estancarte en lo que los demás opinen o piensen.

También, diles a las posibles parejas que tienes hijos lo antes posible.

Debes revelar que eres madre en la primera oportunidad.

Menciónalo en tu perfil de citas en línea si tienes uno, o menciónalo en tu primera cita (si no es que antes).

Ser madre es una parte tan importante de quién eres que no debes omitirlo u ocultarlo, mucho menos negarlo. De hecho, a menudo es una ventaja, especialmente con tantos otros padres solteros que buscan el amor.

. . .

No te preocupes por "asustar" a un amor potencial con el hecho de que eres mamá. El revelar esta información de hecho es un gran filtro, porque no te encariñarás con alguien a quien no le gustan o no quiere tener hijos. Si bien puedes estar reduciendo tu grupo de citas, la calidad de los que están en el grupo aumenta significativamente.

Hagas lo que hagas, no esperes demasiado o, peor aún, mientas sobre cuántos hijos tienes. Esta acción introduce problemas de honestidad y confianza antes de que una relación pueda florecer de verdad.

Y examina minuciosamente a los socios potenciales.

Si bien tus hijos deben estar en el radar de tus citas, evita compartir fotos y detalles hasta que se hayan ganado tu confianza con el tiempo, y hasta que tengas una buena idea de quiénes son.

Una madre soltera todavía tiene la responsabilidad solemne de evaluar a sus parejas. Ten cuidado, actúa con la diligencia debida y verifica minuciosamente su personalidad y antecedentes, para no ponerte en riesgo ni a ti ni a tus hijos.

. . .

Esto se mantiene sin importar cuán bien te sientas con esta posible pareja.

En cuanto a la pregunta de '¿cuándo debería una madre presentar a sus hijos a alguien con quien está saliendo?'…

Cuándo y cómo lo haces varía según lo que creas que es correcto para tu propia familia, pero tómate el tiempo que sea necesario para mantener primero la seguridad y la felicidad de tu familia.

Querrás contarles a tus hijos sobre esta nueva persona con anticipación (considera explicar las cualidades que hacen que te guste tanto) y aborda cualquier pregunta y sentimiento que tengan.

Puedes considerar no presentarle esta persona a tus hijos hasta que estés segura de que él es un buen hombre, y hayan estado juntos el tiempo suficiente para que tú sepas que las cosas se están poniendo serias.

Es recomendable hacerte estas preguntas (que también puedes hacerles a tus hijos, si se siente bien) antes de hacer presentaciones: "¿Están listos para ver a mamá con un chico que no es papá? ¿Se alegrarán por ti? ¿O se sentirán tristes, celosos, inseguros?"

Puedes adoptar también el enfoque de presentar nuevos novios como uno más de tus amigos masculinos platónicos.

Puede que no quieras enamorarte de alguien que no se lleva bien con tus hijos, así que esta es una 'prueba' en la etapa temprana de las relaciones, y no quieres que los niños sepan que es importante en este punto.

Un error que una amiga cometió fue presentarles a sus hijos a un hombre con el que estaba saliendo, y a su perro.

Aunque a los niños no les importó en absoluto que el hombre desapareciera, ¡preguntaron por el perro durante meses después de que terminaron!

Mantén una mente abierta (y un sentido del humor). Las citas requieren resiliencia, y las cosas no siempre salen bien. Si conoces a personas con las que haces clic, pero no sientes esa chispa mágica, tampoco dejes que eso te desanime.

De hecho, las citas pueden ampliar tu círculo de apoyo social e incrementar los contactos en tu comunidad. Puede que no encuentres al hombre perfecto en línea, pero harás nuevos amigos, de quienes incluso puedes aprender mucho.

Disfruta de este nuevo capítulo siempre que puedas, y trata de reírte de los momentos más salvajes. Tener citas como madre soltera seguramente te recordará bastante a tener citas cuando eras adolescente. De vez en cuando te escapas después de que tus hijos duermen (con una niñera, por supuesto), y no quieres que te escuchen hablando por teléfono o que te atrapen besuqueándote en el sofá.

11

Incrementa la independencia de tus hijos

Uno de los objetivos más importantes para cualquier persona es criar hijos que se conviertan en personas independientes y autosuficientes. Ciertamente, en el desarrollo temprano, tus hijos cuentan contigo: cuando son bebés, dependen de ti para su alimentación, limpieza y movilidad.

A medida que tus hijos crecen, se vuelven más independientes en estas áreas básicas de la vida, pero aún dependen de ti para obtener amor, protección, guía y apoyo.

Cuando tus hijos llegan a la adolescencia y avanzan hacia la edad adulta, se vuelven menos dependientes de ti y obtienen una mayor independencia en todos los aspectos de sus vidas.

. . .

Este proceso de separación prepara a tus hijos para las exigencias de la edad adulta.

Pero esta progresión hacia la edad adulta no es inevitable y, a menudo, se ve obstaculizada por padres bien intencionados pero equivocados.

Por ejemplo, los niños calificados como 'contingentes' dependen de los demás para saber cómo se sienten consigo mismos. Algunos padres quieren fomentar esta dependencia.

Estos padres actúan según sus propias necesidades de poder y utilizan el control y la coerción para asegurarse de que siguen siendo las fuerzas dominantes en la vida de sus hijos.

Los hijos contingentes pueden ser reconocidos porque dependen de otros para proporcionarles el incentivo para lograr, así como para obtener felicidad porque no tienen propiedad sobre sus vidas y sienten poca responsabilidad por sus propios pensamientos, emociones y acciones.

Además, son reforzados con recompensas inapropiadas y sin límites, independientemente de su comportamiento.

. . .

Crecerán como pobres tomadores de decisiones porque sus padres tienen la creencia de que ellos siempre saben lo que es mejor y toman decisiones sin solicitar los deseos de sus hijos.

Los hijos independientes se diferencian de los hijos contingentes en varios aspectos esenciales. Si tus hijos son independientes, les has proporcionado la creencia de que son competentes y capaces de valerse por sí mismos. Les ofreciste la guía para encontrar actividades significativas y satisfactorias.

Ser madre de niños independientes significa que diste a tus hijos la libertad de experimentar la vida plenamente y aprender sus muchas lecciones importantes. Los niños independientes pueden ser reconocidos porque se encuentran intrínsecamente motivados, pues se les permite encontrar sus propias razones para lograr sus metas.

A estos niños se les dio la oportunidad y orientación para explorar las actividades de logro de su propia elección y los padres usaron las recompensas extrínsecas de manera adecuada y con moderación.

. . .

También, tiene una relación colaborativa más que controlada con sus padres, en la que se solicitan y consideran las ideas y los deseos de los niños. Son buenos tomadores de decisiones porque se les permitió considerar varias opciones y, con el apoyo y la guía de sus padres, tomar sus propias decisiones.

En el corazón de si vas a criar a un contingente o hijos independientes, se encuentra que entiendes las responsabilidades esenciales que tú y ellos deben aceptar. La Ley de Responsabilidades Familiares de Taylor establece que, si los miembros de la familia cumplen con sus propias responsabilidades y no asumen las de los demás, entonces los niños se desarrollan como personas independientes y todos son felices.

Tus responsabilidades giran principalmente en torno a brindarles a tus hijos la oportunidad, los medios y el apoyo para alcanzar sus metas. Los medios psicológicos incluyen brindar amor, orientación y aliento en sus esfuerzos. Los medios prácticos incluyen asegurarte de que tus hijos tengan los materiales necesarios, la instrucción adecuada y el transporte, entre otras cuestiones logísticas.

Las responsabilidades de tu hijo implican hacer lo necesario para maximizar las oportunidades que tú les brindas. Estas responsabilidades incluyen dar su mejor esfuerzo, ser responsable y disciplinado, mantenerse comprometido y dar a una oportunidad de logro un intento realista, así como completar todas las tareas y ejercicios, sacar el máximo provecho de su educación, ser cooperativo y expresar aprecio y gratitud por los esfuerzos de los demás.

Existen cinco tipos de niños contingentes.

Todos ellos se crean de manera similar. Los niños desarrollan un estilo contingente particular dependiendo de su temperamento y el de sus padres, bajo las circunstancias que ya revisamos.

Complacientes

Los complacientes harán todo lo posible para obtener el amor y la atención que anhelan. Los complacientes a menudo pueden ser percibidos como niños modelo que tienen éxito y son excepcionalmente generosos con los demás. Sin embargo, al complacer a los demás, a menudo descuidan sus propias necesidades y, como resultado, se sienten insatisfechos, resentidos e infelices.

. . .

Decepcionantes

Los decepcionantes son personas que no tienen logros y que nunca cumplen con las expectativas. Por lo general, son brillantes y demuestran ser prometedores en varias áreas, por ejemplo, a menudo obtienen puntajes altos en las pruebas de rendimiento y coeficiente intelectual, pero rara vez logran algo.

Los decepcionantes alivian la presión que sienten por parte de sus padres simplemente sin intentarlo.

Los decepcionantes evitan las expectativas de sus padres saboteándose a sí mismos, por ejemplo, con falta de esfuerzo o evitación de la actividad de logro, o comportamientos problemáticos significativos como el consumo de drogas o conductas delictivas.

Reactivos

Los reactivos o reaccionarios hacen exactamente lo contrario de lo que sus padres quieren que hagan. Los padres suelen interpretar este comportamiento como independencia, pero son muy dependientes de sus padres, de forma paradójica. Los reaccionarios se sienten controlados por sus padres y se sienten impotentes para afirmarse directamente frente a sus limitaciones.

. . .

Los reaccionarios esperan a ver qué quieren sus padres que hagan y luego eligen el camino que está en oposición directa a ello. Este comportamiento reactivo suele manifestarse en forma de vestimenta inconformista, malas calificaciones, relaciones "inaceptables" con los compañeros y, posiblemente, consumo de alcohol y drogas.

Frustrantes

Los frustrantes, como era de esperar, causan una tremenda frustración en sus padres. No son "niños malos" y rara vez se meten en problemas, les va bastante bien en la escuela y en otros entornos de rendimiento, pero a menudo se les considera personas de bajo rendimiento que no se desempeñan a la altura de sus capacidades.

Por ejemplo, un niño frustrante podría obtener una B+ en lugar de aplicar un esfuerzo adicional en el trabajo escolar para obtener una A, o ser nombrado suplente para actuar en un recital musical, o perder una competencia deportiva reñida.

Rechazadores

. . .

Este tipo de niños rechazan las expectativas de sus padres, eligiendo un curso propio a pesar de las objeciones de sus padres. Los que rechazan no reaccionan simplemente eligiendo lo contrario, sino que descartan por completo todo lo que sus padres tienen para ofrecer.

Los que rechazan pueden ser vistos como los más sanos y adaptables de los cinco tipos de niños contingentes porque se han separado de sus padres y se han convertido en personas autónomas y autodirigidas.

Pero los que rechazan pagan un precio por su desconexión extrema al dañar sus relaciones con sus padres y descartar incluso las contribuciones positivas que estos hicieron.

La independencia no es algo que tus hijos puedan obtener por sí mismos. No tienen la perspectiva, la experiencia ni las habilidades para desarrollar la independencia por separado de ti. Más bien, es un regalo que les das a tus hijos que apreciarán y del que se beneficiarán toda su vida. Puedes proporcionar a tus hijos varios ingredientes esenciales para ganar independencia:

- Dale a tus hijos amor y respeto
- Muestra confianza en las capacidades de tus hijos

- Enséñales que tienen control sobre sus vidas
- Proporciona orientación y luego dales la libertad de tomar sus propias decisiones
- Enseña sobre responsabilidad

Una de tus tareas como madre es enseñar a tus hijos acerca de la responsabilidad. La mejor manera de asegurarse de que tú y tus hijos asuman las responsabilidades apropiadas es que cada uno de ustedes sepa cuáles son sus responsabilidades.

Si tú y tus hijos tienen una comprensión clara de lo que se espera de cada uno de ustedes, será más fácil permanecer dentro de los límites de esas responsabilidades. Así que haz una lista de lo que tú, como madre, harás para ayudar a tus hijos a tener éxito, y luego, haz una lista con tus hijos sobre cuáles deberían ser sus responsabilidades.

A continuación, identifica a otras personas que tendrán responsabilidades (y cuáles son) en las actividades de logro de tus hijos, como maestros, instructores o entrenadores, y las consiguientes responsabilidades que tus hijos tendrán para con ellos.

. . .

También debe haber consecuencias por no cumplir con las responsabilidades. Las mejores consecuencias son aquellas que quitan algo de importancia a tus hijos y les dan el control para recuperarlo actuando apropiadamente.

Este proceso brinda absoluta claridad tanto a ti como a tus hijos sobre cuáles son sus "trabajos". También permite que no haya confusión en un momento posterior cuando cualquiera de ustedes se pase de la raya y asuma las responsabilidades del otro o descuide las propias.

Muchas partes de nuestra cultura envían un mensaje a los niños de que nada es su culpa.

Ya sea racionalizando el mal comportamiento, buscando chivos expiatorios a los que culpar de la desgracia o culpando a otros por sus fracasos, a los niños se les dice constantemente que no necesitan ser responsables de sus acciones. En realidad, la capacidad de los niños para responsabilizarse por sus acciones es una parte fundamental para volverse independientes.

La renuencia de los niños a asumir la responsabilidad de sus acciones se basa en su deseo de protegerse del fracaso.

Al culpar a factores externos, como otras personas, la mala suerte o la injusticia, los niños pueden proteger su ego del daño.

Sin embargo, la responsabilidad son dos caras de la misma moneda. Tus hijos no pueden asumir la responsabilidad de sus logros y éxitos a menos que estén dispuestos a asumir la responsabilidad de sus errores y fracasos.

Fomenta la exploración

Al principio de la vida de tus hijos, debes mantenerlos con una "correa" bastante corta para garantizar su seguridad. Este cuidado aumenta la sensación de seguridad de tu hijo al enseñarle que tiene un lugar seguro al que regresar si se aventura demasiado lejos y que tú estás allí para protegerlo cuando sea necesario.

Sin embargo, existe una delgada línea entre la seguridad y la dependencia. Cuando tus hijos hayan establecido su sentido de seguridad, debes alentarlos a explorar el mundo más allá de la red de seguridad que les proporcionas.

Este impulso les permite a tus hijos probar sus propias capacidades en el "mundo real" y encontrar un sentido de competencia, seguridad e independencia dentro de sí mismos, sin estar siempre bajo tu cobijo.

Enséñales a cocinar

Tan pronto como tengan la edad suficiente para operar con seguridad en la cocina, comienza por involucrar a tus hijos para que te ayuden a preparar las comidas. En primer lugar, cocinar juntos es divertido. Y cuando tus hijos están haciendo cosas reales contigo que importan y hay un resultado visible en un futuro muy cercano, o simplemente la perspectiva de un pastel, les encanta.

El problema, por supuesto, es que a menudo estás cansada, apurada y es más fácil hacerlo todo tú misma. Porque, después de todo, somos geniales haciéndolo todo nosotros mismos: otras personas simplemente se interponen en el camino la mayor parte del tiempo.

Pero las recompensas que obtendrás al dedicar algo de tiempo y paciencia para enseñar a tus hijos a cocinar, serán polvo de oro más adelante tanto para ti como para ellos.

. . .

Cocinar con tus hijos también es una gran experiencia de aprendizaje para ellos. No hace falta decir, por supuesto, que están aprendiendo una habilidad de supervivencia, pero hay matemáticas involucradas, cuando se trata de medir cosas, reducir a la mitad recetas y calcular porciones.

Estas también son oportunidades fantásticas para que tus hijos aprendan sobre nutrición y alimentación saludable, algo que lamentablemente es una ocurrencia tardía en el entorno educativo estándar, además de algunas imágenes multicolores de la pirámide alimenticia estándar del USDA de vez en cuando.

Además, la cocina es creativa. Implica experimentación, instinto y talento creativo. No tengas miedo de dejar que tus hijos manejen las herramientas reales, como cuchillos: adoptar un enfoque más relajado sobre la asunción de riesgos y la seguridad tiene el efecto de mantener a los niños más seguros mientras perfeccionan su propio juicio sobre lo que son capaces de hacer.

Si su mundo es una habitación acolchada y segura, nunca aprenderán de lo que son capaces y siempre se sentirán atraídos por lo que consideramos peligroso o les prohibimos hacer. La protección de seguridad más importante que le puedes dar a tus hijos es dejar que se arriesguen.

. . .

Así que confíales responsabilidades reales en la cocina y en todos los ámbitos que puedas. Disfrutarán más, aprenderán más rápido y estarás allanando el camino para un joven autosuficiente en tu casa.

12

Concéntrate en tu carrera

Tengo muchos amigos que son maestros y es fácil ver por qué es una opción de carrera popular especialmente para los padres solteros. Puedes estar trabajando aproximadamente las mismas horas que tus hijos, a menudo evitando los costos de cuidado después de la escuela o la situación de dejar a los niños solos.

Pero enseñar o trabajar en el sistema educativo no es para todos. Si te encuentras en una situación en la que tu trabajo no te brinda satisfacción ni alegría y solo estrés, es hora de comenzar a pensar fuera de la caja para encontrar formas de cambiar o aumentar tu flujo de ingresos.

Esto no siempre tiene que significar un cambio radical, como volver a la escuela nocturna y volver a capacitarte por completo para otra carrera.

. . .

Los cursos en línea son abundantes, desde maestrías y programas de certificación, hasta una plétora de cursos para mejorar las habilidades, pagadas o gratis.

Algunos ejemplos son edX, The Personal MBA, Kahn Academy (ya no solo para videos tutoriales de matemáticas para niños) y Small Business Administration. O simplemente desplázate por el compendio de charlas TED gratuitas o cursos gratuitos en Coursera para inspirarte un poco.

Podrías incluso encontrar charlas y videos que tu hijo y tú puedan ver juntos. Por lo tanto, el cielo es realmente el límite en términos de la cantidad de posibilidades y formas de explorar el aumento de tus ingresos o volver a examinar y cambiar el rumbo de tu carrera.

Según la Oficina del Censo de EE.UU., en 2012, más del 80% de los 12.2 millones de familias monoparentales estaban encabezadas por mujeres. Eso significa que hay 9.7 millones de madres lidiando no solo con los problemas mundanos de cambiar el aceite y doblar la ropa, sino también con temores sobre sus opciones de carrera, vida personal y esa pregunta que enfrenta cualquier madre trabajadora: "¿Cómo puedo fomentar crecimiento profesional cuando tengo que fomentar el crecimiento de mi hijo?"

Si bien hay mucho debate sobre si las madres trabajadoras pueden "tenerlo todo", las madres solteras salen y "hacen que suceda". No hay otra opción. Lograr el crecimiento profesional, incluso en las mejores circunstancias, requiere autoconciencia, pensamiento estratégico y planificación cuidadosa.

Sin embargo, hay pasos que todas las madres trabajadoras con aspiraciones profesionales, solteras o casadas, pueden tomar para lograr sus objetivos. Aquí hay cinco indicadores que te ayudarán a mantenerte en el camino hacia metas profesionales, personales y de crianza.

Encuentra un defensor

Encuentra a alguien en tu empresa que sea tu defensor; mejor aún, trabaja para esa persona. Cuando me ofrecieron mi primer trabajo fuera de la universidad, le informé al gerente de contratación que me preocupaba que no estuviera calificado, pero ella respondió que lo que necesitaba eran rasgos de personalidad e inteligencia; el conjunto de habilidades se puede aprender.

. . .

Ella vio algo en mí desde el primer día que fomentó y alentó. Debido a que ella vio mi potencial, pude seguir la carrera de mis sueños. Todo el mundo necesita ese tipo de apoyo: ¡encuentra a esa persona!

Mi siguiente paso en la escalera fue trabajar para un director de marketing en una empresa. Este CMO se convirtió en mi mayor defensor (y mentor hasta el día de hoy), ayudándome a darme cuenta de mis fortalezas y capacidades y aplicarlas a mi carrera.

Él me empujó hacia papeles que eran desafiantes e incluso algunos que eran intimidantes. A través de su orientación y aliento, mi conjunto de habilidades y, al mismo tiempo, la confianza en mí, creció significativamente. Esa confianza me ha servido bien y es algo que te ayudará en tu camino de madre soltera y trabajadora.

Aprende a priorizar

Antes de tener un hijo, seguramente la vida parecía mucho más equilibrada y sencilla. Pero, probablemente, mientras esperabas la llegada de tus hijos, muchos advirtieron que las cosas se transformarían en caos y que, aun así, eso estaría bien.

. . .

Pudiste haber pensado "¡está bien para ti, pero no para mí!"; pero luego, al convertirte en mamá y posteriormente en cabeza de familia, te sorprendió ver que podías seguir cumpliendo con los plazos y los objetivos.

Lo que debes aprender (a menudo de la manera más difícil) es cómo priorizar y mantenerte enfocada en las tareas críticas. Cuando se trata de administrar las cargas de trabajo de hoy en día, los datos, las demandas y los plazos se te presentan todos a la vez. Es más fácil agacharte y ponerte a cubierto que detenerte y hacer un balance.

Sé muy clara sobre lo que necesitas saber para lograr tus objetivos frente a lo que es simplemente "ruido", es decir, datos sin sentido o incluso tareas innecesarias que simplemente distraen e interrumpen.

No dejes de lado tus actividades creativas

Tal vez desees escribir un libro, construir un negocio, volver a la escuela, tejer un suéter, aprender a bailar tango, pero te preguntas cómo podrías encontrar tiempo para actividades creativas mientras mantienes a tu familia.

. . .

Hay un antiguo proverbio chino que es muy apropiado aquí: 'Suficientes paladas de tierra: una montaña. Suficientes cubos de agua: un río'. El punto es que puedes hacer cualquier cosa en pasos pequeños. La acción continua hacia una meta, ya sea grande o pequeña, llevada a cabo de manera regular en el tiempo, gana resultados.

Esto también es bueno para ti. Cualquier momento o forma en que puedas darte un poco de espacio adicional te ayudará a ser una mejor madre a largo plazo. A veces, algunas pepitas de sabiduría, inspiración o ideas pueden marcar la diferencia entre hacer que la montaña parezca escalable y simplemente querer armar tu tienda en la parte inferior y ni siquiera intentar escalarla.

Sin mencionar el hecho de que es importante que los niños vean a su madre involucrada en algo que le apasiona. A través de eso, aprenden a respetar ese tiempo que nos tomamos para nosotros mismos y, en última instancia, encuentran sus propias pasiones.

Esta es también la mejor manera de evitar la vieja trampa de vivir a través de tus hijos, tan a menudo ejemplificada por esos padres que juegan al margen del campo de fútbol, aunque el síndrome puede manifestarse de muchas formas diferentes.

. . .

Y finalmente, cuanto más en sintonía y conectada estés con las cosas que te hacen feliz, más podrás ver a tu hijo por lo que es y no por lo que tú quieres que sea o por lo que esperas que llegue a ser. Al final del día, todos queremos ser vistos por lo que somos y el lugar más importante para que eso suceda es el hogar.

Rodéate de buenas personas

"Se necesita un pueblo..." traducido a tu carrera significa encontrar expertos para pedirles consejos sobre negocios o problemas durante el café, el almuerzo o en las reuniones después del trabajo. Es una pérdida de energía reinventar la rueda, así que habla con los expertos que han estado allí y lo han hecho.

Puedes encontrarlos en tu empresa, en tu gimnasio, tal vez incluso en tu vecino de al lado. Pregunta cómo han manejado situaciones difíciles y usa su sabiduría para ayudar a resolver tus propios problemas a medida que avanzas.

Mantente fiel a quien eres

. . .

Es fácil perderte de vista a ti misma como una persona con esperanzas, sueños y metas cuando dedicas todo tu tiempo y energía al trabajo, la familia y otras responsabilidades. Pero tómate el tiempo para hacer una lista de quién eres y quién quieres ser.

Saber quién eres y qué quieres lograr es importante a medida que surgen nuevas oportunidades profesionales.

En algún momento se te puede ofrecer ese trabajo que no es exactamente lo que quieres, pero está cerca de tu casa, o uno que es una gran oportunidad, pero requiere viajar demasiado.

Al considerar oportunidades profesionales, evita conformarte con menos. Esa vocecita en tu oído que estaba preocupada por el dinero inevitablemente surgirá en la realidad y se convertirá en un problema mayor de lo que esperabas. En cambio, respeta tus prioridades de equilibrio entre el trabajo y la vida y confía en que tu carrera puede encajar con tus objetivos, no chocar.

La flexibilidad es una necesidad, no una opción

. . .

Es cierto que ser madre, especialmente una madre soltera, es un trabajo de tiempo completo en sí mismo. La flexibilidad ya no es un "sería agradable tener", es imprescindible.

La buena noticia es que muchos lugares de trabajo ahora ofrecen horarios flexibles y/o la posibilidad de trabajar de forma remota algunos días a la semana.

Encuentra un lugar que pueda adaptarse a tu horario para que seas capaz de mantener el control sobre el equilibrio entre el trabajo y la vida como cabeza del hogar. ¡Te sentirás mejor y tus hijos también!

Cambia la definición de "todo"

Ha habido mucha discusión últimamente sobre la cuestión de si las mujeres trabajadoras pueden "tenerlo todo".

'Desearía tener tiempo para leer, pero simplemente no tengo tiempo libre para leer sobre personas que se vuelven filosóficas sobre el equilibrio entre ser madre y una carrera porque soy madre soltera, lo que significa que soy a la vez: madre a tiempo completo, ejecutiva de marketing a tiempo completo, todo a tiempo completo'.

Con todos, desde Drew Barrymore hasta Hillary Clinton, opinando sobre el tema, la pregunta es: ¿Pueden las madres solteras que trabajan tenerlo "todo"? De hecho, ¿puede cualquier padre trabajador, soltero o casado, hombre o mujer? Claro, pero la clave está en definir qué significa "todos" para ti.

Si todo significa siempre tener tiempo para salir del trabajo todos los días para almorzar en la escuela con tu hijo y mantenerte en la vía rápida de tu carrera, seamos realistas, eso probablemente no sucederá.

Sin embargo, si "todo" significa lograr los elementos realistas pero deseados en tu lista de objetivos y prioridades, entonces, por supuesto, en tus términos se puede lograr.

Con el tiempo, te darás cuenta de que ser madre soltera es un desafío, pero no es una limitación profesional. No es necesario sacrificar un sentido de logro y realización frente a las demandas de los padres solteros. Con una mente abierta, una priorización inteligente y una toma de decisiones inteligente, las madres solteras "hacen que suceda" todos los días y, como resultado, realmente "lo tienen todo".

13

Considera la educación en casa

Este es un tema enorme y no es realmente posible resumir la razón y la esencia de la educación en el hogar en un fragmento. Pero basta decir que la educación en el hogar no es solo competencia de familias nucleares grandes, religiosas o no religiosas.

Si tu hijo tiene dificultades con la forma estrecha y estandarizada en que se imparte la educación en el sistema escolar estatal o privado, o cualquier otro aspecto de la escuela, como el acoso escolar, aún puedes educar en casa como madre soltera.

Se necesita algo de creatividad y malabarismo, pero de hecho se puede hacer.

. . .

La belleza de la educación en el hogar es que cualquier trabajo que hagas, incluso si sigues un plan de estudios listo para usar o creas el propio, puedes hacerlo cuando lo decidas: durante dos horas todas las noches, los fines de semana, a primera hora de la mañana, lo que sea.

Solo necesitan de dos a tres horas de tiempo concentrados por día, en promedio y dependiendo de la edad de tu hijo, lograrás los mismos resultados que siete horas dedicadas a la escuela pueden lograr. Pronto te darás cuenta de cuánto tiempo se pierde en la escuela en otras cosas además de aprender.

Algunas personas prefieren un enfoque de 'desescolarización' para la educación de sus hijos, que está completamente dirigida por los niños, sin ningún plan de estudios formal. El sitio Radical Unschooling de Sandra Dodd es un buen lugar para visitar si deseas explorar esa opción. Para un enfoque más formal y clásico, explora The Well Trained Mind.

Ninguna lista de lectura para la educación en el hogar estaría completa sin mencionar que vale la pena leer cualquier libro de John Holt o John Taylor Gatto sobre el tema.

. . .

Obviamente, la educación en el hogar como madre soltera será más fácil si tienes cierta autonomía y control sobre tus horas de trabajo.

Además, cuando los niños se vuelven un poco más independientes y pueden trabajar y ocuparse de proyectos por su cuenta durante períodos de tiempo, esto también ayuda. Pero los beneficios que puedes obtener al liberarte del horario escolar, tanto para ti como para tus hijos, son inconmensurables.

- Tus hijos estarán bien descansados y menos estresados, día tras día
- Pueden aprender a un ritmo que les convenga y no de acuerdo con un marco único para todos
- Los grupos de educación en el hogar y las reuniones están proliferando en todas partes. Estas son buenas oportunidades tanto para que tus hijos conozcan a otros que hacen lo mismo como para que intercambies ideas y experiencias con otros padres. Si no hay uno en tu área, inicia el tuyo: tu biblioteca local o centro comunitario bien podría proporcionar una sala de reuniones que puedes usar de forma gratuita y Yahoo Groups ofrece un buen tablón de anuncios para comunicarse sobre reuniones y eventos

- No estarás encerrada en horarios de vacaciones escolares cuando se trata de viajar, ahorrando así dinero. ¡Viaja fuera de temporada y ahorra mucho dinero!
- Llegarás a conocer genuinamente a tus hijos, y ellos a ti, de una manera que simplemente no es posible cuando pasan la mayor parte de sus horas de vigilia fuera de casa
- Esta es una oportunidad para sentar las bases para una buena comunicación con ellos que puede durar hasta la adolescencia y hasta la edad adulta

Finalmente, un clásico entre los educadores en el hogar en todos los ámbitos es el manifiesto temprano de David y Micki Colfax y la crianza de cuatro niños educados en el hogar que fueron a Harvard con becas completas. OK, no todos estamos destinados a Harvard, educados en casa o no, y hay muchos medios felices en el medio.

También echa un vistazo a The New Global Student de Maya Frost. Esta familia sacó a sus cuatro hijas adolescentes de la escuela secundaria en contra de los consejos de todos para que pasaran varios años viajando. La educación que obtuvieron como resultado superó sus expectativas, y todos fueron a universidades competitivas a edades más tempranas de lo que hubieran sido.

. . .

Claro que este proceso tiene sus desafíos, pero también les otorgará una gran cantidad de libertad para descubrir y aprender de formas no convencionales.

Puedes usar un plan de estudios de educación en el hogar totalmente acreditado para la mayoría de las materias e incluso opciones desarrolladas por equipos de científicos cognitivos e ingenieros de software para materias más especializadas.

Tal vez llegarás a sentir que cualquier dificultad de la educación en el hogar se verá compensada por las experiencias que obtendrán mientras viajan o pasan tiempo juntos y, como beneficio adicional, no se quedará atrás si es que se da la oportunidad de regresar a la educación convencional.

Hay un montón de opciones cuando se trata de la educación en el hogar y una miríada de formas de hacerlo de una manera que funcione para tu familia, incluso como la ocupada madre soltera que eres.

La educación en el hogar es una opción, pues puede que en algún momento debas decidir si devolver a tus hijos a la escuela o comenzar un capítulo completamente nuevo: la educación en el hogar de una madre soltera.

Esto puede ser el comienzo de un viaje desafiante, pero empoderante. Después de un camino largo y sinuoso de descubrir todo, desde la gestión del tiempo hasta cómo educar en casa con un presupuesto y estar dispuesta a pedir ayuda, verás que tienes una gran capacidad.

Con determinación, planificación, organización y mucha ayuda, puedes educar en casa como madre soltera.

Si la realidad de asumir la mayor parte de la educación en el hogar se te presenta de repente, entonces es probable que ya estés bajo una enorme tensión emocional. El primer y más importante consejo para cualquier persona en ese estado mental es simplificar.

Si has estado utilizando un plan de estudios de estilo 'hazlo tú mismo' que requiere mucha planificación y preparación de lecciones, deja esa idea en el estante por un tiempo.

Cambia a un plan de estudios de educación en el hogar en línea que les permita a tus hijos trabajar de manera más independiente y te brinde tiempo y espacio para reagruparte hasta que las cosas se estabilicen.

Otra cosa que será fundamental para la supervivencia de la educación en casa como madre soltera es la voluntad de pedir ayuda. Esto puede ser enormemente duro. Admitir que no puedes hacerlo todo puede sentirse como estampar un "0" gigante en tu frente al principio. Lo único que te empujará a superar el obstáculo de la valentía será el deseo de poner la educación de tus hijos primero, incluso antes que tu propio ego.

Mantener esa perspectiva te abrirá la puerta para pedirle a tu familia cuidado infantil ocasional, pedirles a otros educadores en el hogar que te ayuden con el transporte hacia/desde las actividades extracurriculares y, definitivamente, pedir consejo a aquellos que están viajando en este proceso de educación en el hogar con padres solteros junto contigo.

Tampoco puedo enfatizar lo suficiente lo importante que será la administración del tiempo para tu nuevo rol como madre soltera y educadora en el hogar. El tiempo es probablemente el bien más preciado para ti en este momento, así que cuídalo como un bulldog.

. . .

Si un recado, actividad o evento no es esencial, probablemente no se hará. Sabiendo que el éxito de la educación en el hogar es tu principal prioridad, organiza todo lo demás en consecuencia. Aprenderás que a veces tienes que decir "no" a las cosas buenas para guardar tu "sí" para cosas aún mejores. Y establecer objetivos de educación en el hogar tanto a corto como a largo plazo con anticipación a menudo ayuda a descubrir la diferencia.

Claro, hay que hacer sacrificios para la educación en el hogar con un solo padre en la imagen, pero la misma flexibilidad de la educación en el hogar a menudo puede compensarlos. Existen algunas estrategias que pueden ayudar allanando el camino para tu familia.

Recuerda a tu comunidad

La educación en el hogar como madre soltera no es para llaneros solitarios. Tendrás que crear un "círculo de apoyo" y tendrás que depender humildemente de ellos muchas veces. Un círculo de apoyo no tiene que ser solo una familia; puede ser un grupo variopinto de compañeros educadores en el hogar, amigos, personas con las que vas a la iglesia, etc.

Cuando necesitas un día de descanso, un par de manos extra, un compañero de excursión o simplemente alguien con quien desahogarte, tener una "tribu" de porristas y simpatizantes es absolutamente invaluable.

Aprende a educar en casa con un presupuesto

Además de pasar a un plan de estudios de educación en el hogar en línea que no requiere toneladas de suministros y materiales, también tendrás que aprovechar los descuentos para educadores en todo, desde excursiones de educación en el hogar hasta suministros para manualidades.

Sé realista con tus expectativas

Renuncia por completo a la idea de ganar algún tipo de superlativo por tu educación en el hogar. De hecho, puedes decidir que, si están aprendiendo juntos, tienen comida en la mesa y la casa no se ha derrumbado sobre sí misma, ¡han tenido éxito!

Para mí, el verdadero éxito se ve en los niños que disfrutan aprendiendo y saben cómo resolver las cosas por sí mismos. Si puedes inculcar esas cualidades en tus niños, entonces tu experiencia de educación en el hogar será triunfal.

. . .

Abraza la unión

La educación en el hogar no solo te acercará emocionalmente a ti y a tus hijos, ¡también les acercará literalmente en proximidad! Educar en casa a dos o más niños como madre soltera significa encontrar formas de combinar tu plan de estudios para poder enseñar a ambos niños a la vez.

Eso puede significar que cada niño trabaja de forma independiente mientras usa su plan de estudios de educación en el hogar en línea, y luego haya reuniones para cosas como proyectos de ciencia, educación física, estudios de unidad y artes y manualidades.

También hay opciones de educación en el hogar para padres que trabajan. La clave del éxito como madre que trabaja en casa y educa en el hogar es convertir lo que amas (o en lo que te destacas naturalmente) en ingresos. El mundo en el que vivimos ahora es una mezcla heterogénea de oportunidades de trabajo remoto, no tengas miedo de ser creativa con las opciones de trabajo desde casa.

. . .

La otra pieza esencial del rompecabezas es elegir el mejor plan de estudios de educación en el hogar para padres que trabajan. Idealmente, este sería un programa que les permita a tus hijos trabajar de forma independiente al menos parte del día para que puedas compartir momentos importantes uno a uno con cada uno de tus hijos.

La educación en el hogar ofrece la flexibilidad de diseñar un horario que funcione mejor para tu familia y situación en particular. Si tu puesto de trabajo desde el hogar requiere principalmente horas diurnas, entonces está perfectamente bien hacer educación en el hogar por las noches e incluso los fines de semana. De hecho, es vital que los niños reconozcan que el aprendizaje puede ocurrir en cualquier momento del día o de la noche.

La regla cardinal para permitirte cualquier cosa es organizar tus prioridades. Adoptar la educación en el hogar con un presupuesto puede significar dejar de lado muchas otras cosas.

Salir a cenar, viajar, dar regalos y artículos nuevos para el hogar pueden pasar desapercibidos por un tiempo mientras tú te enfocas en la educación de tus hijos.

Los diferentes estados tienen leyes diferentes con respecto a quién es elegible para ser considerado el maestro de registro para un niño que recibe educación en el hogar. Ciertamente es cierto que muchos educadores en el hogar monoparentales trabajan fuera del hogar al menos parte del tiempo.

Si tu estado no tiene regulaciones específicas con respecto a quién enseña a tu hijo, entonces puedes intercambiar las tareas de educación en el hogar con otra familia, hacer que un miembro de la familia se encargue de una parte o la totalidad de la educación en el hogar, o incluso contratar tutoría. Consulta las leyes de educación en el hogar de tu estado para obtener más detalles.

Conclusión

La maternidad es una de esas cosas de las que realmente no tienes idea de cómo es hasta que te encuentras dentro de ese lío. Es un constante aprendizaje en proceso, que se enreda aún más cuando no cuentas con una segunda parte que te ayude a sortear los retos y dificultades que llegan en el camino.

Ser madre soltera es cansado, sumamente cansado. Puede llegar a sentirse solitario, y es cierto que no todo el tiempo serás la mayor entusiasta de la maternidad. Y todo esto es válido. Eres humana, y el proceso puede ser sumamente abrumador.

Hay miedos, hay dudas, hay desesperación… todos los sentimientos en los que puedas pensar, llegarán a ti en algún punto. Y, sin embargo, lo más importante es que hay fuerza y resiliencia. Sí puedes con esto, pero ¿acaso

Conclusión

existe la opción de rendirte? Hay pequeños seres maravillosos que cuentan contigo.

Así que espero que lo que hemos revisado en estos capítulos te sea útil. Si bien no todo se podrá aplicar a tu situación individual, sin duda debes considerar todo lo mencionado en este libro durante tu maternidad. Aunque claro, tú conoces bien a tu familia y tu situación, así que todo está en tus manos.

Poco a poco te darás cuenta de que aprendes de los problemas, encuentras nuevas soluciones y tú y tus hijos comienzan a adaptarse a ser solo ustedes. Aprovecha las ventajas que este tipo de maternidad te da, aprovecha el tiempo y la unión que puedes crear con tus pequeños y atesora todos estos momentos porque, sin darte cuenta, ¡el tiempo habrá pasado!

Así que, ya lo sabes. Reconoce y trabaja tus emociones, acepta esta nueva realidad a la que te estás enfrentando, construye una red de apoyo adecuada para ti, considera opciones de crianza que beneficien a tus hijos, trata de cuidarte durmiendo lo suficiente, vigilando tus niveles de estrés y administrando tu tiempo, ten cuidado con tus finanzas, no dejes ir los sueños que tienes además de la maternidad y continúa con esa vida tan maravillosa que has estado construyendo.

Eres valiente, eres fuerte, y, sobre todo, eres capaz. Estás en un camino que vale la pena recorrer, ¡sí puedes tenerlo todo!

Referencias

McCready, A. 2021. "Here's what makes 'positive parenting' different—and why experts say it's one of the best parenting styles" en *CNBC*. Recuperado de https://www.cnbc.com/2021/12/04/why-psychologists-say-positive-parenting-is-the-best-style-for-raising-confident-successful-kids.html

Pace, L. 2013. "How to get more sleep as a single mom" en *She Knows*. Recuperado de https://www.sheknows.com/parenting/articles/1041227/how-to-get-more-sleep-as-a-single-mom/

N/D. "Being a Single Mom: 17 Surviving to Thriving Tips" en *The life of a single mom*. Recuperado de https://thelifeofasinglemom.com/being-a-single-mom-how-to-be/

Smith, J. "The best routine for a single mom" en *Grace for Single Parents*. Recuperado de https://www.graceforsingleparents.com/morning-routine-for-a-single-mom/

Wolf, J. 2021. "Money management 101 for single

parents going it alone" en *The Balance*. Recuperado de https://www.thebalance.com/money-management-101-for-single-parents-2997424

Taylor, M. "How to manage time as a single parent" en *Citizens Bank*. Recuperado de https://www.citizensbank.com/learning/how-to-manage-time-as-a-single-parent.aspx

N/D. "Help and support for single parents" en *Raising Children*. Recuperado de https://raisingchildren.net.au/grown-ups/family-diversity/single-parents/support-for-single-parents

Caccavo, N. 2018. "An emotional survival guide for single moms" en *Seleni*. Recuperado de https://www.seleni.org/advice-support/2018/3/13/an-emotional-survival-guide-for-single-moms

Leftwich, M. "10 ways to find happiness, success and awakening as a single parent" en *Lifehack*. Recuperado de https://www.lifehack.org/387586/10-ways-find-happiness-success-and-awakening-single-parent

Cherry, K. 2022. "Single parenting stress: how to beat burnout" en *Very Well Mind*. Recuperado de https://www.verywellmind.com/single-parenting-stress-how-to-beat-burnout-5216180

Vicenty, S. 2019. "Single moms and dating: exactly what to know" en *Oprah Daily*. Recuperado de https://www.oprahdaily.com/life/relationships-love/a28843699/dating-a-single-mom/

Taylor, J. 2010. "Parenting: raise independent children" en *Psychology Today*. Recuperado de https://www.

psychologytoday.com/us/blog/the-power-prime/201011/parenting-raise-independent-children

N/D. "Homeschooling when you're a single parent" en *Time for learning*. Recuperado de https://www.time4learning.com/blog/homeschool/homeschooling-when-youre-a-single-parent/

www.ingramcontent.com/pod-product-compliance
Lightning Source LLC
Chambersburg PA
CBHW071847070526
44583CB00016B/1583